Biblioteca de Filosofía del Derecho

Carlos Alarcón Cabrera
(Director)

Carlos Antonio Agurto Gonzáles
Sonia Lidia Quequejana Mamani
Benigno Choque Cuenca
(Coordinadores Generales)

OTTO BRUSIIN
Profesor de la Universidad de Turku
(Finlandia)

LA OBJETIVIDAD DE LA JURISDICCION

Edición al cuidado de
Carlos Antonio Agurto Gonzáles
Sonia Lidia Quequejana Mamani
Benigno Choque Cuenca

Ediciones Olejnik

Título del original alemán:
Über die Objektivität der Rechtsprechung,
Helsisnki 1949

Título: La objetividad de la jurisdiccion

Edición: 2020.

Ediciones Olejnik
Huérfanos 611, Santiago-Chile
E-mail: contacto@edicionesolejnik.com
Web site: http://www.edicionesolejnik.com

ISBN: 978-956-392-703-0

Diseño de carátula: Ena Zuñiga

Diagramación: Hayden Méndez. hayden.mendezq@gmail.com

Impreso en Argentina 2020 Printed in Argentina

Índice

LA OBJETIVIDAD DE LA JURIS-DICCIÓN*

* La palabra alemana "Rechtsprechung" ha sido traducida aquí como "juris-dicción "Rechtsprechung" de riva de Recht sprechen, literalmente: decir derecho. Esta expresión alemana es, a su vez, una versión exacta de la fórmula latina *iuris dictio* (administrar justicia o derecho: ut iuris dictionem eum ferro conferatis, Cicero, in Verrem actio II, 4, 121 ; haec fundamenta sunt... indica, iuris dictio. Cicero, pro Sestio oratio, 98). La traducción de "Rechtsprechung" como "administración de justicia" o como "jurisdicción" hubiera provocado tal vez confusión o malentendido. Por esta razón se ha preferido retomar la expresión latina originaria, separando con un guión los dos términos "juris" y "dicción".

E. G. V.

INTRODUCCION

Esta investigación cae dentro del ámbito de la "teoría general del derecho". Si se pudiera dejar de lado la tradición idiomática, definiríamos nuestro ámbito de investigación simplemente con las palabras "teoría del derecho". Pero este término puede conducir a una confusión con la jurisprudencia que tiene por objeto el derecho positivo ("ciencia del derecho"). La expresión "teoría general del derecho" sería la más adecuada, pero en la tradición idiomática científica alemana suena algo extraña. Cuando más adelante utilizamos la expresión "teoría general del derecho" no deben vincularse a ella ningún tipo de concepciones metodológicas tradicionales. Una "enciclopedia jurídica" general construida sobre la base del derecho positivo es una disciplina pedagógica, que puede ser valiosa como introducción al estudio del derecho. Pero una disciplina pedagógica no puede ser, al mismo tiempo, una teoría pura.

¿Es posible una teoría general del derecho? Sólo cuando existe una estructura sociológica, siempre recurrente; el "derecho", es decir una estructura en la cual, en las diferentes comunidades dadas históricamente es verificable una cantidad suficiente de legalidades siempre recurrentes, de invariantes estructurales y socio-psicológicas. Este presupuesto existe no sólo en los actuales estados civilizados de Occidente, aun cuando estas invariantes sean aquí especialmente numerosas. Se podría preguntar, desde luego, si no sería adecuado limitar una "teoría general del derecho" a estas comunidades jurídicas. En nuestro libro algunas explicaciones estarán efectivamente limitadas en este sentido. Pero esto no significa que por principio sea necesario limitar de esta manera el campo de investigación de la teoría general del derecho [1].

La expresión "el objeto de la teoría del derecho es el derecho" es equívoca. El derecho puede tener aquí dos significados fundamentalmente diferentes. Puede ser entendido en el sentido de

---

1 La teoría "general", "pura" del derecho, tal como se la cultiva en los modernos países civilizados, está efectivamente limitada la mayoría de las veces de esta manera, aun cuando sólo en muy pocos casos se exprese claramente esta limitación. Podría quizás preguntarse si la idea de una teoría general del derecho ha sido posible sólo después de existir un mundo cultural occidental unitario.

derecho positivo. En este caso, teoría del derecho significa simplemente dogmática jurídica, jurisprudencia. O puede referirse al derecho como constante sociológica. En ambos casos la dignidad lógica de la palabra "derecho" es completamente diferente. El derecho como constante sociológica podría tal vez ser considerado como un concepto clase: los elementos de la clase serían entonces los diferentes órdenes jurídicos positivos, espacial y temporalmente individualizados. Cuando no se tiene en cuenta esta distinción de dignidad lógica, surgen equivocidades.

¿Es necesaria una teoría general del derecho? Para dilucidar esta cuestión sería tal vez conveniente hacer algunas observaciones acerca de "la teoría general del derecho privado", "la teoría general del derecho penal", etc. Estas teorías constituyen un elemento constitutivo de la jurisprudencia jurídico positiva, pero contienen afirmaciones que caen en el ámbito de la teoría general del derecho y que no han sido obtenidas por inducción desde las normas del derecho positivo. En las teorías generales del derecho privado y del derecho penal se puede así comprobar una tendencia a lo constante, aunque la misma esté limitada al respectivo campo jurídico. Ahora bien, pueden plantearse dos cuestiones: ¿existe la necesidad práctica de una teoría general del derecho que abarque todos los campos especiales? ¿Existe una necesidad teórica de esta teoría?

Cuando se compara la literatura de la teoría general del derecho (incluyendo la de la "teoría pura del derecho", la de la "filosofía del derecho", etc.), con la literatura en el campo de la jurisprudencia jurídico-positiva, se ve claramente que mientras aquí existe una producción sumamente limitada, allí se presenta una enorme cantidad de comentarios, tratados, monografías y trabajos. Esta circunstancia puramente externa podría ser considerada como un indicio de que la necesidad práctica de una teoría general del derecho es menor que la necesidad práctica de una jurisprudencia jurídico-positiva. Desde este punto de vista podría considerarse que es posible prescindir de la teoría general del derecho.

Otra es, en cambio, la situación cuando nos preguntamos acerca de la necesidad teórica. Esta se ha hecho sentir constantemente a través de toda la historia del espíritu occidental. La antorcha de la filosofía del derecho fue encendida por los griegos y aquella ocupación puramente teórica con el derecho se ha convertido desde entonces en una necesidad indispensable del hombre occidental. Aun cuando la mayoría de los juristas puedan tener con respecto al derecho una posición práctica, condicionada por su trabajo cotidiano, la postura teórica con respecto a aquél puede ser considerada como una constante de la cultura occidental. Históricamente tiene sin embargo, importancia el hecho de que los fundadores de nuestra jurisprudencia, los romanos, tuvieran poca capacidad, y por consiguiente, poco interés en una consideración puramente teórica del derecho[2].

En los últimos decenios hemos podido observar cómo una ocupación puramente teórica con el derecho se aparta cada vez más de su madre originaria, de la filosofía, y constituye una ciencia independiente. Este desarrollo es un fenómeno normal en la historia de la ciencia. Nosotros afirmamos: la investigación teórico-jurídica ha llegado a un punto en donde quiere independizarse y seguir trabajando fecundamente. Después de las brillantes aportaciones de Hans Kelsen no puede ya haber ninguna duda al respecto. El término "filosofía del derecho" puede parecer venerable, pero al mismo tiempo da testimonio de que el respectivo campo de investigación se encuentra en estadio embrionario, en el gran seno de la filosofía.

Además, la palabra "filosofía del derecho" está afectada, en gran medida, por una tradición metafísica.

En el campo de la teoría general del derecho, el investigador exitoso parte siempre de su propio derecho positivo —consciente o inconscientemente—. El fundamento de todo ese pensamiento es la experiencia jurídica personal. Pero el derecho positivo le da sólo la materia prima. Tal es también el caso en la jurisprudencia. El punto de vista es en ambas situaciones diferente. Si la jurisprudencia, por ejemplo, investiga cómo está reglada en un determinado orden positivo la responsabilidad de los funcionarios por incumplimiento del deber, la teoría general del derecho se dirige a un problema general: sanciones en contra de personas-órganos. O si la jurisprudencia dilucida la cuestión jurídico-procesal del deber de fundamentación en los juicios, de una manera jurídico- positiva, la teoría general del derecho plantea el problema de saber en qué medida las decisiones jurídicas han de ser vinculadas efectivamente a normas jurídico-positivas.

Tal como surge de los ejemplos presentados, las formulaciones socio-psicológicas no son de ninguna manera extrañas a la teoría general del derecho. El pensador sueco Axel Hägerström, a quien consideramos junto con Kelsen como el más importante investigador moderno en el campo de la teoría general del derecho, ha destacado claramente este punto de vista socio-psicológico. Los experimentos socio-psicológicos y el material de las encuestas, estadísticamente elaborado, pueden ser muy útiles en el campo de la teoría general del derecho (por ejemplo, conexión de motivaciones, el sentimiento jurídico). En el

2 Por otra parte, puede comprobarse en las fuentes literarias cuán reducido fue el interés del espíritu griego por las cuestiones "pequeño burguesas" de la jurisprudencia. Aquí no se considerará la cuestión de saber en qué medida la jurisprudencia romana, en su época de esplendor, estuvo condicionada por la filosofía helénica y por la personalidad de los maestros helénicos.

ámbito del derecho se pueden señalar legalidades socio-psicológicas que son esenciales para la comprensión de la maquinaria jurídica, continuamente en movimiento. Pero en la teoría general del derecho la importancia recae sobre las cuestiones estructurales. Las formaciones jurídico objetivas pueden ofrecer a primera vista una gran variedad; sin embargo, examinándolas más de cerca pueden comprobarse algunas variantes estructurales. Piénsese por ejemplo, en el orden escalonado que en los diferentes derechos positivos existe para la creación del derecho y para la realización del derecho. La teoría general del derecho puede ser considerada como una teoría combinatoria (Kombinatorik) de las formas jurídicas. Pueden construirse modelos de diferentes estructuras. En la jurisprudencia pandectológica se hablaba mucho de construcciones. La teoría general del derecho actúa de una manera completamente constructiva. Tiene un carácter fuertemente deductivo: sólo así puede trabajar fecundamente como teoría. La materia prima ofrecida por el derecho positivo es elaborada racionalmente de una manera completamente libre —las cuestiones que surgen son formuladas de la manera más simple posible, de acuerdo con las ideas fundamentales de la constante. Las formaciones de pensamiento así creadas quedan liberadas de los órdenes jurídicos positivos y sirven fines puramente teóricos.

Si la teoría general del derecho es concebida como una teoría combinatoria de formas jurídicas, en principio es indiferente el que la construcción investigada haya o no existido históricamente.

¿Cuáles son los criterios para determinar que los problemas planteados en un derecho positivo, son verdaderamente "generales", es decir pueden expresar constantes en el campo del derecho? El derecho comparado puede proporcionar aquí fundamentos de probabilidad para apoyar la hipótesis de constante en una determinada cuestión. El derecho comparado podría, pues, ser considerada como un estadio intermedio entre la jurisprudencia y la teoría general del derecho. Es útil investigar en el ámbito de la teoría general del derecho. Pero sólo como medio de control. Pues los problemas específicos de la teoría general del derecho no surgen por abstracción creciente, realizada desde los datos del orden jurídico positivo.

Pero considerados sociológicamente son una función de la tradición filosófico-jurídica. El investigador encuentra una serie de problemas que son tratados tradicionalmente por la filosofía del derecho. Debido a esta circunstancia tienden a transformarse también en sus problemas personales. Algunos de ellos pueden, sin embargo, ser sólo problemas aparentes, provocados por métodos de investigación falsos, o al menos inexactos. Aquí es necesaria la mayor atención posible: la tradición proporciona siempre sólo un indicio de que existe un auténtico problema de constantes. Los problemas tradicionales de la filosofía del derecho y su aparato conceptual tradicional deberán ser examinados críticamente. Habría que procurar aquí una axiomatización de sus proposiciones en el sentido de la moderna lógica científica. De esta manera podrán eliminarse algunos conceptos y cuestiones poco claras.

Toda investigación científica es, desde el punto de vista sociológico, una función de la ideología comunitaria dominante. Ella determina, a última hora, si es posible una investigación jurídica que prescinda de doctrinas de fe puramente teóricas, y sobre todo metafísicas y políticas, o si la misma será rechazada como algo perjudicial para la comunidad. En la teológica Edad Media una teoría general del derecho en el sentido moderno, estrictamente científica, habría conducido a la hoguera. La libertad espiritual del hombre occidental por la que se ha luchado trabajosamente desde el Renacimiento hasta su reconocimiento por el Estado, ofrece la mejor base para una investigación puramente científica del derecho. Si fuera posible imaginar un Estado moderno construido sobre fundamentos teórico-metafísicos, una cosa sería segura: en este Estado no podría surgir nunca una teoría general del derecho[3].

3 Esta investigación fue terminada en el verano de 1947. En esa época no conocíamos las interesantísimas obras do Theodor Geiger: "Vorstudien zu einer Soziologie des Rechts" (Aarsskrift for Aarhus Universitet, XIX, 2, pág. 2, Kopenhagen 1947) y de N. S. Timasheff: "An Introduction to the Sociology of Law" (Harvard Sociological Studies, vol. III, Cambridge 1949). Hemos tratado de reducir al mínimo las notas al pie de página. Queremos señalar expresamente que el concepto de "hombre occidental" que aparece frecuentemente en este libro, no es usado en un sentido político, como oposición al hombre de mentalidad marxista. El hombre occidental que puede ser concebido como un tipo ideal en el sentido de Max Weber, simboliza para nosotros una actitud espiritual fundamental. Querríamos destacar que en la concepción del mundo marxista se reconoce a "la ciencia" un valor esencial. Evidentemente, se piensa aquí en la "única ciencia social correcta". Pero en ninguna parte el interés de todos los grupos de la población por la investigación científica o natural, liberada de las cadenas de una actitud religioso-metafísica, es tan grande como en la Unión Soviética.

DERECHO Y JURIS - DICCIÓN

Llamamos derecho a un complejo de normas detrás del cual se encuentra la comunidad organizada, es decir que es sancionado, y en parte también creado, mediante los órganos de esta comunidad. Así pues, derecho y orden jurídico son sinónimos en nuestro lenguaje. Conviene distinguir el concepto "orden jurídico" del concepto "sistema jurídico"[1]; el sistema jurídico es buscado para cada orden jurídico positivo por la ciencia del derecho (que interpreta este derecho) en un trabajo interminable. El derecho positivo está en permanente flujo.

Según Kelsen (op. cit., pág. 5), el derecho es "a specific technique of social organization", que amenaza medidas coactivas (sanciones) en contra de las acciones que perjudiquen a la sociedad, la vida, la salud, la libertad o la fortuna. Su realización es transformada en deber de determinados órganos de la comunidad (pág. 18 y ss.). Nos parece que esta característica distintiva, correctamente señalada por Kelsen, es una consecuencia del hecho de que detrás del derecho se encuentra la comunidad organizada con sus órganos. Para poder amenazar y realizar medidas coactivas, deben existir órganos. El mismo Kelsen señala acertadamente que el derecho es una organización del poder cuyo ejercicio está monopolizado por la comunidad. El momento de poder fue desplazado a segundo plano por una teoría jurídica idealizante. Debido a las experiencias políticas del último decenio, nos parece que ha encontrado el lugar que le corresponde en la teoría del derecho. Las teorías oficiales del derecho de los Estados autoritarios están claramente influenciadas por las teorías del poder, claro está que bajo un disfraz ideológico.

La constante sociológica "derecho" presupone un alto grado de capacidad de organización entre los miembros de la comunidad, es decir está condicionada por una constante biológica: el nivel espiritual del hombre. Cuando la filosofía jurídica católica destaca el papel del hombre en tanto "ser racional", hay aquí una razón justificada. En todas partes aparece el derecho vinculado al lenguaje humano. Pero

---

1 En contra, HANS KELSEN: "General Theory of Law and State", Cambridge, Mass. 1945, pág. 3: "Law is an order of human behaviour. An "order" is a system of rules...". Esta obra, que en algunas cuestiones ofrece formulaciones nuevas y más profundas del pensamiento teórico de Kelsen, ocupa una posición central en la moderna teoría del derecho.

este (lenguaje significa una capacidad que sólo ha sido comprobada en los hombres, en el zoon politikon aristotélico: la capacidad de elaborar una serie de símbolos que sirven para imponer órdenes y establecer comunicaciones.

Mediante esta función simbólica (cfr. el lenguaje del pensamiento matemático) y el hombre ha logrado dominar racionalmente estructuras complicadas del ámbito de la naturaleza y de la comunidad; es su presupuesto fundamental de un orden jurídico constituido por formas racionales, por normas. Si comparamos la construcción formal del lenguaje jurídico con la construcción del lenguaje cotidiano, se aprecia una tendencia a la racionalización. Existe, en este sentido, una analogía entre el pensamiento jurídico y el científico, que se vuelve especialmente notoria en el problema de la objetividad.

La "norma" es uno de los conceptos fundamentales de la teoría general del derecho, pero pertenece, al mismo tiempo, a un ámbito más amplio. La norma jurídica es un esquema de acción, es "obligatoria", es decir detrás de ella está la comunidad organizada. La componente "esquema de acción" hace referencia, en gran medida, a la estructura espiritual del hombre que se acaba de mencionar. La componente "obligatoria" hace referencia a la vinculación social del hombre: éste vive bajo una permanente presión socio-psicológica. La componente "detrás" se refiere al hecho del derecho en tanto constante sociológica. El concepto de norma en su sentido más general presupone sólo un esquema de acción. En las normas sociales, entre las que se cuentan también las normas jurídicas, se agrega la componente "obligatoria". Cuando un individuo se impone a sí mismo una máxima, ella es para él un esquema de acción, pero no es "obligatoria" en el mismo sentido en que lo son las normas sociales.

Derecho, costumbre y moral están estrechamente vinculados. Es difícil trazar un límite entre la costumbre que domina en una comunidad y la moral que en ella impera. Puede considerarse que la más importante base de diferenciación en la distinción de ambos conceptos es la circunstancia de que en los juicios de valor de la ética se tienen en cuenta, sobre todo, las acciones externas y en los juicios de valor de la moral, la convicción. Pero las sanciones en contra del hacer no ético o inmoral son del mismo tipo: una desaprobación por parte de los miembros de la comunidad que normalmente se exterioriza mediante su hacer externo. La conciencia significa que estas sanciones —sobre todo mediante la educación desde la niñez— son proyectadas en la conciencia valorativa del, "delincuente" individual. La vinculación entre derecho, ética y moral se presenta claramente en el efecto paralelo de sus sanciones. Los actos coactivos sociales (jurídicos) amenazados y ejecutados por los órganos de la comunidad contribuyen esencialmente a reforzar la ética y la moral.

Presupuesto de esto es, evidentemente, que los contenidos de las normas jurídicas, morales y éticas corran paralelamente. El hecho de que este presupuesto se cumpla en la mayoría de los casos es una demostración complementaria de la vinculación entre derecho, ética y moral. Tal como, por ejemplo, ha destacado correctamente Kelsen, la efectividad del derecho está estimulada esencialmente por las sanciones del orden ético y moral. En las llamadas comunidades "primitivas", el derecho, la ética y la moral están especialmente entrelazados entre sí de una manera muy estrecha: se podría quizás hablar de un progresivo proceso de diferenciación[2].

Cuando la "validez" de las normas jurídicas es entendida en un sentido puramente normativo y no causal-sociopsicológico, surge la cuestión acerca de la relación recíproca entre dos conceptos "validez" y "efectividad". Kelsen, que anteriormente defendiera la distinción absoluta entre ambos puntos de vista, ha reconocido ahora —bajo la influencia de los hechos del derecho consuetudinario angloamericano y del case law y no obstante mantener la línea divisoria— puntos de contacto que, desde luego, no concuerdan con la totalidad de su teoría[3].

Establecemos definitoriamente: una norma jurídica "vale", cuando se llenan los siguientes presupuestos mínimos: 1) la norma respectiva es obedecida por los destinatarios inmediatos de la norma en la gran mayoría de los casos y 2) la norma de sanción prevista para la no obediencia eventual de aquella norma es obedecida por los órganos de sanción de una manera tan regular que su desobediencia representa un cuantum insignificante. En nuestro lenguaje la "validez de una norma jurídica" significa un grado de efectividad. Si los puntos extremos de

---

2 Cuando RUDOLF STAMMLER quiere distinguir las normas jurídicas de las de la ética diciendo que las normas jurídicas "son meramente obligatorias" y las de la ética, son tan solo "invitantes", estamos frente a la distinción correcta entre maquinaria coactiva externa y presión socio-psicológica, Pero esta presión no depende, de ninguna manera, del libre arbitrio del individuo.

3 Especialmente, con respecto a los problemas de la validez han jugado un papel perturbador en la teoría del derecho, puntos de vista religioso-metafísicos, deducibles de la totalidad de la personalidad humana, pero que teóricamente no tienen ninguna importancia; tal es el caso por ejemplo, del filósofo del derecho finlandés, profundamente religioso, ROBERT HERMANSON ("Det rätta och staten", en Tidskrift, utgiven av Juridiska Föreningen i Finland, 1929). Esta objección no se refiere naturalmente a KELSEN, quien afirma (General Theory of Law and State, pag. 119 y ss) ; "The relation between validity and efficacy this appears to be the following ; A norm is a valid legal norm if (a) it has been created in a way provided for by the legal order to which it belongs, and (b) if has not been annulled either in a way provided for by that legal order or by way of desuetudo or by the fact that the legal order as a whole has lost its efficacy".

la escala de efectividad son caracterizados con 0 y con 1, el límite de validez se encuentra más cerca del signo 1[4].

En las comunidades jurídicas existentes en la actualidad, el Estado ocupa una posición central. La estructura sociológica "Estado" se encuentra desde el punto de vista organizador, en un estadio elevado: mediante la concentración de poder que en él se realiza se fomenta la efectividad del derecho. Pero el Estado no es, ningún caso, la única comunidad jurídica y anteriormente su posición de monopolio era aún más débil. En la Edad Media, la comunidad jurídica constituida por la Iglesia católica estaba sumamente desarrollada y su derecho era más efectivo que el de algunas comunidades laicas (por ejemplo, en Finlandia). En la actualidad, la estructura de la comunidad jurídica internacional es muy insatisfactoria en lo que se refiere a medidas coactivas. Pero probablemente el actual Estado nacional es sólo un estadio de transición a formas superiores, territorialmente más amplias, de la comunidad jurídica.

Como ejemplo de comunidades jurídicas dentro del estado actual baste mencionar las organizaciones profesionales (abogados, médicos) que formulan su derecho interno, lo verifican en concreto y lo realizan mediante órganos propios. La relación recíproca de tales organizaciones —en la medida en que ellas entran en contacto entre sí— está reglada por el derecho estatal que aquí juega el papel de un "orden jurídico internacional". Tales organizaciones (por ejemplo, científicas, artísticas, políticas) extienden a veces su efectividad a través del territorio de varios Estados, y a menudo su actividad no está limitada desde el punto de vista territorial.

Comunidad jurídica y orden jurídico no pueden, en ningún caso, ser identificados entre sí. La comunidad jurídica es una colectividad de hombres. El actuar de estos hombres está reglado, en parte, por un complejo de normas especiales, mediante normas jurídicas. Una colectividad de hombres y un complejo de normas no pueden ser nunca idénticos.

Bajo "juris-dicción" (Rechtsprechung) se entiende aquí una actividad de decisión ejercitada por órganos de la comunidad jurídica según normas especiales ("procesales") y con efectividad especial ("vigencia jurídica") cuya finalidad es aplicar normas jurídicas abstractas en la valoración de situaciones vitales concretas. Esta actividad es realizada la mayoría de las veces mediante órganos especiales ("tribunales de justicia") y en los Estados modernos no es nunca ejercitada por propia iniciativa de estos órganos sino bajo el presupuesto de una "demanda" externa a aquéllos.

---

4 Por consiguiente, los criterios de "validez" de una norma jurídica son cambiantes y, en última instancia, pueden ser referidos a legalidades socio-psicológicas.

Kelsen ha criticado agudamente la teoría tradicional de la triple división de las funciones del Estado. Ha señalado acertadamente que entre administración y juris-dicción (ambas producen una concretización de normas jurídicas abstractas), no existe ningún abismo infranqueable y la juris-dicción es siempre también creación del derecho (creación de la norma concreta), lo mismo que la legislación es siempre también una concretización de las normas jurídicas abstractas de la constitución. La preocupación característica del pensamiento teórico jurídico de Kelsen, por eliminar distinciones conceptuales innecesarias y por simplificar y aclarar el pensamiento, ha señalado también aquí (estimulado por la teoría escalonada de Merkl) puntos de vista teóricos que merecen ser tenidos en cuenta. Pero nos parece que Kelsen ha dejado de lado la diferencia fundamental entre la intención de la juris-dicción y la intención del proceso administrativo. A la juris-dicción le interesa verificar lo que es recto en el caso concreto. Sobre la base de esta verificación el tribunal de justicia decreta la norma coactiva concreta. Por el contrario, la actividad de la administración procura fines prácticos, desde luego, dentro del marco del derecho positivo. Si la diferencia entre juris-dicción y administración se reduce —en di sentido de Merkl y Kelsen[5]— a la oposición independencia-dependencia, es difícil aclarar por qué la no-objetividad en la juris-dicción hay que atribuirla precisamente a la intención especial de la jurisdicción ("realización del derecho").

Desde el punto de vista histórico, la juris-dicción es una de las más antiguas funciones de la comunidad jurídica. En este sentido es una constante sociológica de más alto grado, por ejemplo, que la legislación. Ya en un estadio de desarrollo que no conocía una legislación en el sentido actual, la jurisdicción era ejercitada por órganos de la comunidad, y en realidad sobre la base de un derecho que bajo muchos aspectos era burdo e incompleto. Aquí se presentaban a menudo situaciones que, utilizando expresiones de la teoría actual, podríamos calificar de lagunas del derecho. La juris-dicción no se limitó desde el comienzo, a una aplicación de normas jurídicas ya listas para los casos concretos. Una laguna no significa que el tribunal se encuentre sin norma jurídica alguna: siempre puede apoyarse tanto en la norma que fundamenta su competencia en tanto tribunal, como en la que afirma que un juicio debe ser pronunciado cuando existan las condiciones procesales —con otras palabras, que el tribunal de justicia no puede dejar de decidir—. Una laguna significa sólo que para el caso concreto a decidir no existe una norma jurídica abstracta ya formulada o que en una consideración más detallada de los fines, resulta que las consecuencias de una norma jurídica abstracta que

5 ADOLF MERKL: "Allgemeines Verwaltungsrecht", 1927, pág. 42. HANS KELSEN: "General Theory of Law and State", pág. 245.

a primera vista parecía adecuarse al caso, conducen a una evidente contradicción con el espíritu del orden jurídico. Estos dos casos en los que la teoría habla de una laguna auténtica y de una aparente, de una abierta y de otra encubierta, son difíciles de distinguir en la praxis.

El principio de que un tribunal de justicia, siempre que existan las condiciones procesales, no puede dejar al demandante sin una sentencia, es esencial en la juris-dicción en tanto constante sociológica. En caso contrario no se realizaría el sentido de la juris-dicción. Aun cuando, como en el antiguo derecho sueco-finlandés, los tribunales de justicia en casos de laguna o de difícil interpretación deban consultar a instancias superiores, esto significa sólo un desplazamiento de la sentencia, pero en ningún caso su negación. Ni aquél contra quien se dirige la demanda, ni el tribunal de justicia ante quien se presenta la demanda pueden prescindir de una consideración objetiva de la demanda.

Para que la juris-dicción sea ejercitada con sentido, debe cumplirse otra condición: la juris-dicción tiene que ser "independiente". Por independencia de la juris-dicción entendemos en esta investigación, el hecho de que los órganos de la comunidad al realizar la juris-dicción no pueden recibir de otros órganos directivas obligatorias, sino que aquéllos deben adecuarse únicamente al derecho positivo y consuetudinario. Si los tribunales de justicia estuviesen ligados a las directivas de tribunales, se debilitaría el principio de independencia. Por el contrario, una vinculación a las decisiones anteriores no nos parece una debilitación del principio de independencia, siempre y cuando los presupuestos de esta vinculación hayan sido objetivamente determinadas en los principios jurídicos válidos (derecho anglo-americano).

La independencia de la jurisdicción está reconocida en todos los países civilizados y es considerada como presupuesto fundamental de toda cultura jurídica superior. También aquellos Estados que como, por ejemplo, la Unión Soviética, no reconocen una división de poderes en el sentido tradicional, han adoptado en su constitución el principio de la juris-dicción independiente. Este principio, no está pues en ningún caso condicionado por la división de poderes y puede ser entendido como un principio puramente práctico y de organización, casi técnico, típico de la juris-dicción (entendida como constante sociológica). La efectividad del principio en un orden jurídico dado depende del espíritu que domine en la comunidad. El principio de independencia puede ser utilizado como disfraz para dar a decisiones políticas la apariencia de actos emanados de una juris-dicción objetiva. En estos casos surge la cuestión de saber cuáles son las razones que llevan a los hombres a entregarse a tales ilusiones. A menudo es una necesidad auténtica existente entre los miembros de la comunidad, el creer que existe una juris-dicción independiente y esta necesidad es utilizada hábilmente por el poder estatal y reforzada por la propaganda. Ya volveremos sobre esta cuestión. La realización del principio de la independencia de (la juris-dicción en una determinada comunidad se refiere a menudo al hecho de que los miembros de esta comunidad quieren crear garantías frente al ejercicio del poder público. Así, en los Estados modernos, este principio está a menudo vinculado con la ideología de la libertad del Estado liberal de derecho. Se invoca en este caso el concepto equívoco de "estado de derecho"; con lo que se quiere decir, sobre todo, que los derechos subjetivos de los ciudadanos están protegidos frente al Estado. De esta manera, quedan sometidos amplios campos de la actividad estatal, a la jurisdicción (control judicial de la administración y del Estado).

Para garantizar la independencia de la jurisdicción se concede una posición especial, (la mayoría de las veces, a los miembros ("jueces") de aquellos órganos de la comunidad, cuya actividad principal consiste en la juris-dicción (tribunales de justicia). Esta posición especial es caracterizada comúnmente con la palabra "inamovilidad" que significa a menudo únicamente que el "juez" puede ser removido de su cargo sólo cuando median circunstancias graves (como por ejemplo, en el derecho finlandés). En el derecho ruso-soviético, el principio de independencia de la juris-dicción no está reforzado por el principio de inamovilidad, porque éste —se argumenta— podría entrar en conflicto con el principio de soberanía popular ilimitada. A fin de evitar eludir el principio de inamovilidad, a menudo se lo completa con el principio de no traslado. Así, la Constitución finlandesa de 1919 establece que el juez no puede ser trasladado a otro lugar sin su propio consentimiento, salvo cuando el traslado sea la consecuencia de una reorganización de la justicia.

La juris-dicción, como constante sociológica, supratemporal, posee sin embargo la tendencia a concretarse en los órganos establecidos especialmente para este fin. Cuando el derecho (excepcionalmente) es administrado por un órgano cuya actividad principal reside en otro campo (por ejemplo en la actividad administrativa) cabe preguntarse si para tal administración de justicia vale también el principio de inamovilidad y si éste puede ser efectivamente realizado. En los Estados civilizados modernos, la validez de este principio puede también ser aceptada en este caso, aun cuando como, por ejemplo, en la Constitución finlandesa se diga que "la juris-dicción es ejercida por tribunales independientes". La idea fundamental aquí es precisamente que la juris-dicción debe ser independiente, no que los tribunales en sí deban serlo. En el campo de la administración de los tribunales de justicia (por ejemplo ordenanzas de trabajo, archivo, elaboración de estadísticas, comunicaciones a los diferentes funcionarios del registro, etc.), no se reconoce a los tribunales independencia alguna. No es posible garantizar una realización efectiva del principio de independencia en la juris-dicción ejercida por los órganos administrativos; la actitud tradicionalmente obediente de los funcionarios tiene aquí gran importancia.

En virtud de su independencia, la juris-dicción queda protegida contra la influencia arbitraria del poder comunitario organizado, (en el Estado, por el poder estatal). Pero debido a esta independencia la juris-dicción es puesta por otra parte en peligro: el peligro de un manejo arbitrario de personas que participan en la juris-dicción en tanto personas-órganos. La independencia de la juris-dicción significa que el control sobre su efectividad queda sumamente debilitado. La juris-dicción "arbitraria" es a menudo entendida en el sentido de que los jueces se entregan a sentimientos momentáneos, más o menos casuales. Pero este tipo de arbitrariedad tiene relativamente poca importancia. Mucho más común y peligrosa es aquella forma en la que el juez no se entrega a impulsos de sentimiento momentáneos, sino constantes, sigue valoraciones firmemente enraizadas, extrañas al derecho positivo. En los procesos políticos se ha podido verificar a menudo —también en los llamados "Estados liberales de derecho"— que la oposición "amigo-enemigo" (Carl Schmitt) ha tenido influencia decisiva en el fallo judicial. Cuando el demandado pertenece a una dirección política con respecto a la cual el juez tiene una actitud que no es ni decididamente positiva ni decididamente negativa, su objetividad no peligra. Pero cuando el juez en lo más profundo de su conciencia rechaza, desde lo más íntimo de su personalidad, la dirección política defendida por el demandado (por ejemplo "terror ante los comunistas"), o la aprueba decididamente (acciones de terroristas contra antípodas políticas o contra enemigos de raza), entonces está muy próximo el peligro de una juris-dicción arbitraria. Sobre todo en la valoración de la prueba, pero también en la interpretación de la ley y en la dirección del proceso, el factor político actúa con necesidad casi natural en estos casos. Y esto está facilitado por la independencia de la juris-dicción.

La independencia de la jurisdicción, tal como se da en las constituciones modernas, significa, en principio, que la influencia sobre la juris-dicción del poder organizado de la comunidad (en el Estado, del poder del Estado), es limitada, pero que la influencia del poder no organizado, sobre todo del económico, es tanto mayor. El poder económico aparece aquí bajo distintos ropajes ideológicos y generalmente el juez no tiene conciencia de aquél, especialmente cuando está absolutamente dominado por una ideología de este tipo.

Pero la exigencia de una juris-dicción objetiva[6] está enraizada en la personalidad del hombre occidental. Ni siquiera los peores abusos han podido anular este ideal. Por el contrario, los abusos mismos lo han fortificado. La juris-dicción como constante sociológica posee una tendencia a la objetividad. A esto no se opone el hecho de que en un estadio de desarrollo en donde la conciencia estaba dominada más fuertemente por factores religioso-metafísicos que en la actualidad, se intentara obtener esta objetividad mediante medios primitivos tales como el fallo de Dios, el juramento, etc. Estos medios, que se nos presentan hoy como arbitrarios y supersticiosos parecían ser para los hombres de aquellos tiempos las garantías más seguras de objetividad. Para el hombre moderno, la necesidad de una objetividad racional en la jurisdicción, como en muchos otros campos, se ha vuelto especialmente acuciante. El proceso de racionalización progresista comenzado en el Renacimiento, ha influido también aquí en forma decisiva. En una concepción del mundo en donde se ha ido desplazando cada vez más la forma de pensar mágico-metafísica y la postura científico-racional ha conquistado una posición cada vez más fuerte, la juris-dicción no podía dejar de estar influenciada también por esta tendencia general. Existe, de esta manera, una vinculación entre la objetividad de la ciencia y la objetividad de la decisión jurisdiccional. Ambas son una manifestación de un esfuerzo típico del hombre occidental que reconoce en la objetividad un valor fundamental. Este reconocimiento de la objetividad como principio no significa de ninguna manera que su ideología política no esté también determinada por factores irracionales. Mediante el reconocimiento del valor de la objetividad como principio se introduce, sin embargo, una tensión interna en esta ideología, precisamente porque la objetividad tiende a la disolución de toda ideología irracional.

Pero si la comunidad jurídica misma está constituida sobre fundamentos teórico-metafísicos se deduce de aquí necesariamente que una comunidad de este tipo tiene que proteger sus puntos de fe metafísicos con los medios de poder en contra de las teorías equivocadas. Esta necesidad de protección está reconocida también por el orden jurídico positivo. Un juez de una comunidad jurídica que dejara esto de lado actuaría en contra del derecho. Pensemos simplemente en las exigencias extraordinariamente estrictas que Platon impone a los ciudadanos de su Estado ideal[7].

Muchas de las constituciones modernas, también la finlandesa, sostienen el principio de que todos los ciudadanos son iguales ante la ley. La realización del principio presupone una juris-dicción objetiva.

---

6 El concepto de "juris-dicción objetiva" será precisado más adelante en este capítulo.

7 Cfr. Bertrand Bussell: "Philosophy and Polities" (London, 1947) pág. 13 y ss.

En este orden jurídico, por consiguiente, el principio de una jurisdicción objetiva está reconocido por la constitución misma, aun cuando este reconocimiento no esté formulado *expressis verbis*. Pero aun cuando este no fuera el caso, la validez de este principio puede deducirse de diversas normas procesales y jurídico-penales. Aun cuando faltase tal fundamento, el principio de objetividad no podría ser declarado como irrelevante para el orden jurídico respectivo. Al menos como problema aparece la objetividad tan pronto como existe juris-dicción, tan pronto como se pone en tela de juicio la actividad de los órganos de la comunidad. Este principio tiene una importancia central no sólo para la juris-dicción, pero en una juris-dicción independiente tiene especial significación y aquí precisamente es difícil de controlar. En el fondo, este principio significa lo siguiente: los hombres que en los órganos de la comunidad actúan o son órganos de la comunidad (como por ejemplo un juez, un funcionario policial) deben orientar todo su actuar y en especial sus decisiones, según aquellas normas jurídicas que regulan su actuar en tanto órganos. Los humores individuales, los sentimientos momentáneos, ajenos a los criterios valorativos del derecho, no pueden intervenir aquí. Es evidente que esto sólo puede lograrse en un cierto grado, pues los órganos de la comunidad jurídica no están integrados por engranajes mecánicos sino por hombres. Estos se encuentran, en tanto miembros de la comunidad, no sólo bajo la influencia de normas jurídicas, sino que también están influidos en sus motivaciones de una manera igualmente fuerte por otras normas válidas en la comunidad y por las valoraciones allí existentes. Todas estas motivaciones no jurídicas de los órganos deben ser consideradas desde el punto de vista jurídico como arbitrarias. La realización del principio de objetividad puede provocar en las personas que actúan como órganos, conflictos internos difíciles que no siempre terminan con el triunfo del derecho. Un juez, que por ejemplo en un asunto político penal valora arbitrariamente el material de prueba, se justificará —si es que esta arbitrariedad llega a ser consciente— con razones patrióticas, morales u otras semejantes.

Pero sin objetividad, la juris-dicción no puede realizar su tarea social. ¿Cuáles son los factores que estimulan una tal objetividad? Esclarecer esta pregunta es el fin de nuestra investigación.

FACTORES OBJETIVANTES DE LA JURIS - DICCIÓN

PUNTOS DE VISTA GENERALES

El principio de objetividad presentado en el capítulo anterior y que en la juris-dicción de los países civilizados tiene una importancia central, pertenece a la forma de consideración normativa: significa una exigencia dirigida a la juris-dicción. La afirmación: "la juris-dicción es objetiva",, tiene que estar siempre referida a una comunidad jurídica determinada, históricamente dada y significa entonces que la juris-dicción de esta comunidad ha alcanzado un término medio de "alto grado" de objetividad. Aquí no hay criterios de verificación precisos. Por razones psicológicas, en principio, una juris-dicción absolutamente objetiva es inalcanzable. También en las mejores juris-dicciones se presentan ocasionalmente casos de no objetividad sin que por esto la juris-dicción, considerada en su totalidad, pueda ser definida como no-objetiva. Pero si tales casos se presentan en forma masiva y sistemática, el sector respectivo de la juris-dicción (por ejemplo, procesos políticos) habrá de ser caracterizado como no objetivo. No puede sostenerse que la juris-dicción en tanto constante sociológica, sea siempre objetiva, pero sí en cambio que en ella se nota una tendencia a serlo[1].

No hablamos de "garantías" de una juris-dicción objetiva porque mediante esta expresión podría sugerirse que aquélla, en tanto constante sociológica, es objetiva y la cuestión consistiría entonces en dilucidar cuáles son las garantías que aseguran esta situación. En esta investigación no se entrará a considerar el concepto de "garantía" en el conocido sentido jurídico-normativo, que corresponde el ámbito de la teoría general del derecho. La formulación de nuestras cuestiones tiene un sentido causal, es decir queremos dilucidar alguno de aquellos factores que ejercen una acción objetivante en la juris-dicción. Pero al presentar así nuestra tarea puede preguntársenos si no subyace aquí una idealización. Cuando se examinan más de cerca aquellos factores que actúan en una juris-dicción objetiva, ¿no presuponemos que la

---

1 Con la expresión "objetivamente" designamos una conexión de efecto existente entre un factor social y la jurisdicción (en la dirección de una juris-dicción objetiva).

juris-dicción tiende a la objetividad? Sí. Pero este presupuesto vale sólo para los Estados civilizados modernos y para la comunidad jurídica internacional formada por ellos. Nuestra investigación se limitará en principio a estas comunidades jurídicas. La limitación está ya impuesta por razones de verificación.

Cuando hablamos de factores que actúan objetivamente en la juris-dicción nos referimos al efecto sobre aquellos hombres que intervienen en los órganos encargados de la juris-dicción. Cuando se habla del efecto sobre los tribunales de justicia, esto es sólo una metáfora.

Cuando en un estudio de la teoría general del derecho se habla de los factores objetivantes de la juris-dicción se presupone que existen tales factores y que en conjunto aparecen en cada comunidad jurídica concebible o al menos en cada país civilizado moderno. ¿Pero está fundamentada esta presuposición? Formulamos esta presuposición no en forma categórica, sino que suponemos que varios de los factores objetivantes que en esta investigación se analizarán, aparecen simultáneamente en los países civilizados modernos y en la comunidad jurídica internacional. Esta primera suposición tiene su origen en los resultados de la comparación del derecho. La teoría combinatoria puede ser diferente en las diferentes comunidades jurídicas.

Entre los factores objetivantes de la juris-dicción puede establecerse una doble división. Por una parte, hay factores que están vinculados a la efectividad de ciertas normas jurídicas, por ejemplo una maquinaria judicial construida de acuerdo con normas y que funciona de acuerdo con normas, una responsabilidad penal y civil (que actúa motivantemente) de los jueces, la obligación de fundamentación de los fallos, normas de interpretación jurídico-positivas. Por otra parte, hay factores que no se encuentran en tal vinculación: por ejemplo, educación de los jueces, controles sociales de la juris-dicción, ciencia del derecho, judicatura, teorías de la interpretación (como partes de la teoría general del derecho).

También en factores tales como la ciencia del derecho, judicatura y educación de los jueces, los elementos normativos no son completamente extraños. Los órdenes jurídicos positivos contienen muchas veces disposiciones acerca de la posición de la ciencia y de la judicatura en la juris-dicción, sea en las leyes (por ejemplo del Código Civil Suizo), sea en las ordenanzas de trabajo de los tribunales superiores (como en Finlandia)[2]. La educación de los jueces está regulada en algunos órdenes jurídicos como parte de la educación general de los juristas, mediante normas jurídicas.

2 Tales ordenanzas de trabajo son —desde el punto de vista teórico-jurídico— un elemento constitutivo del orden jurídico positivo, al igual que las leyes válidas.

De esta manera resulta que todos los factores de objetividad que aquí han de ser tratados, con excepción de los "controles sociables", tienen un fundamento jurídico normativo que se presenta sin embargo, con diferente intensidad[3]. Aquí intervienen simultáneamente en la juris-dicción varios factores de objetividad. Mediante esta acción en conjunto se logra una resultante de efectividad: los efectos de objetividad bastante débiles de los factores singulares, se refuerzan mutuamente. No hay una respuesta universalmente válida a la cuestión de cómo estos factores deben estar vinculados a fin de lograr una máxima efectividad. Pero por el contrario, puede encontrarse una solución a esta cuestión en una comunidad jurídica concreta. Quizás hasta podrían señalarse líneas directivas que posean una significación universalmente válida para los Estados civilizados modernos. El señalamiento de estas líneas directivas corresponde a la teoría general del derecho. Sus investigaciones sobre este punto podrían quizás ser consideradas —en el mejor de los casos— como una modesta garantía de objetividad de "segundo grado". Condición previa de esto es, desde luego, el que sean respetadas por los juristas prácticos.

3 También los controles sociales de la jurisdicción (que serán examinados más adelante) están basados a última hora, en un fundamento normativo, que no es jurídico.

ESTRUCTURA DE LOS ÓRGANOS DE LA JURIS - DICCIÓN

El Procedimiento

Uno de los factores más importantes para obtener una juris-dicción objetiva son las peculiaridades de la estructura de los órganos de la juris-dicción y las características del procedimiento de la juris-dicción. Si la diferencia entre juris-dicción y administración consistiera sólo en la oposición independencia-dependencia, no existirían peculiaridades de este tipo. Con la expresión "órganos de juris-dicción" se designan aquí los órganos cuya actividad fundamental, cae dentro del ámbito de la juris-dicción.

Tales órganos son llamados comúnmente "tribunales de justicia". Pero esta palabra evoca la idea de un órgano que está constituido por varias personas-órganos que intervienen en las decisiones. Esta co-intervención puede estar reglada por diferentes principios. La juris-dicción es realizada normalmente por tales órganos. Pero también suele suceder que aquélla —especialmente en casos menos importantes y que exigen un rápido pronunciamiento— esté a cargo de una sola persona-órgano. Por esta razón preferimos la palabra "órgano de juris-dicción" a la palabra "tribunal de justicia".

Es significativo el hecho —verificable en todos los órganos jurídicos positivos— de que las decisiones de los órganos de juris-dicción normalmente se llevan a cabo mediante la co-intervención de varias personas-órganos. De esta manera se reduce el peligro de la arbitrariedad subjetiva, a través del control recíproco. Este peligro existe también en los órganos de la administración. También en la administración se intenta evitar este peligro mediante la co-intervención de varias personas-órganos. (Colegialidad. Pero también a menudo la garantía específica de la técnica administrativa de la firma conjunta). En la administración, el principio no tiene aquella posición central que ocupa en la juris-dicción[1]. Parece que aquí estamos frente

1 El valor de este principio como garantía de objetividad puede ser reducido mediante el poder de sugestión recíproca de las personas que intervienen en el órgano de la juris-dicción. El derecho finlandés establece que en las votaciones de los tribunales colegiados el juez de menor edad ha de ser quien vote primero.

a algo específico de la juris-dicción, algo que podría ser llamado una constante en los Estados civilizados modernos.

Podría preguntarse en qué medida puede estimularse mediante la estructura especial de los órganos de la juris-dicción una juris-dicción objetiva. La personalidad espiritual del juez es conformada de una manera decisiva por la estructura, especialmente por las relaciones económicas de poder, de su comunidad jurídica; la personalidad del juez podría ser simplemente designada como función de aquella estructura. ¿No quiebra este hecho psico-sociológico fundamental, todas las garantías intentadas para obtener una juris-dicción objetiva? La pregunta puede ser dilucidada a través de la cuestión de la imparcialidad.

La "imparcialidad" hace referencia, ya idiomáticamente, a una situación en donde hay por lo menos dos partes. Esta situación no se presenta sólo en la juris-dicción o en la administración sino que aparece en la vida humana siempre que hay que realizar una valoración comparativa entre dos o más individuos o grupos de individuos. Esta valoración es "parcial" cuando no se produce según aquellos criterios que, de acuerdo con las reglas de juego reconocidas en esta valoración, deben ser decisivos y la desviación tiene por objeto beneficiar o perjudicar a una de las partes. La parcialidad puede, por consiguiente, ser concebida como un caso especial de arbitrariedad, de no-objetividad, en el sentido descripto más arriba; la imparcialidad puede ser considerada como un caso especial de objetividad.

Por más que la juris-dicción esté muy condicionada por la estructura de la comunidad y la ideología sobre la que aquélla se basa, siempre se exigirá que la jurisdicción ha de ser imparcial[2]. En el antiguo y tradicional juramento de los jueces del derecho sueco y finlandés la imparcialidad del juez está expresamente destacada, lo mismo que en las "Reglas fundamentales para el juez" que tienen su origen en el siglo 16. Este principio de imparcialidad que vale para toda persona-órgano, también dentro de la administración, es para el juez del Estado civilizado moderno, una verdadera ley fundamental, cuya violación es condenada de una manera especialmente severa por

---

2 La oposición "amigo-enemigo" es menos velada en los procesos políticos de la Unión Soviética y de las democracias populares que en los llamados estados de derecho liberales. Este hecho ha provocado en algunos observadores la opinión totalmente falsa de que la juris-dicción de la Unión Soviética no pretende ser ni objetiva ni imparcial. El artículo 123 ; 2 de la Constitución Soviética de 1936 establece: "La igualdad de derechos de los ciudadanos de la Unión de Repúblicas Socialistas Soviéticas en todos los campos de la vida económica, estatal, cultural, social y política, independientemente de su nacionalidad y raza, es una ley inviolable". La Ley de la Administración de Justicia del 16 de agosto de 1938 establece en su primer capítulo los principios rectores de la juris-dicción (especialmente artículo 2, 3 y 5). N. N. POLIANSKY: "Justice in USSR", pág. 7; I. T. GOLJAKOV: Savjetzkii sud", pág. 48 y ss. (Moscú, 1947, en ruso).

la convicción jurídica dominante. La diferencia material entre jurisdicción y administración está también aquí presente.

Cuando se afirma que la parcialidad judicial significa que factores sociales de poder no reconocidos jurídicamente, ejercen influencia sobre el juez, hay también que señalar que el orden jurídico en tanto un todo, está, a última hora, determinado por tales factores de poder. Aun cuando el derecho aun no haya reconocido determinados factores de poder, lo hará probablemente más tarde, si es que la presión es lo suficientemente fuerte y continuada. Pero es jurídicamente arbitrario el reconocimiento por parte de un órgano de la juris-dicción de un factor de poder antes de haber sido reconocido por el orden jurídico.

En todas las comunidades jurídicas modernas los jueces proceden principalmente de sus clases sociales dirigentes o tienen, debido a la educación recibida, una misma concepción del mundo. Por eso son más sensibles a la presión de factores sociales de poder[3].

Los órdenes jurídicos positivos procuran reducir normas acerca de la parcialidad del juez. Pero sería imposible formular el contenido de estas normas de una manera tal que ofreciera protección efectiva contra la parcialidad de los jueces. Con las normas jurídicas positivas se hace referencia principalmente a la por así decir situación "privada" del juez con respecto a las partes en juicio (parentezco, enemistad, beneficio o daño), pero en ningún caso a aquella parcialidad mucho más importante que puede atribuirse a las influencias sociales de poder. Aun cuando, como en la ley procesal sueca de 1942, la norma acerca de la parcialidad del juez contenga junto con una enumeración de casos típicos de parcialidad una cláusula general complementaria ("una circunstancia que pueda perturbar la confianza en la imparcialidad

3 Cuan grande es la influencia de la procedencia social de los jueces, puede verse claramente en la juris-dicción de la Suprema Corte de los Estados Unidos. Como es sabido, la Corte Suprema, sobre la base de algunos principios poco claros de la Constitución americana y que estimulan la subjetividad, puede declarar la inconstitucionalidad de las leyes. En estas decisiones se ha podido comprobar una cierta tendencia propia del capitalismo privado. EDOUARD LAMBERT: "Le gouvernement des juges et la lutte contre la législation sociale aux Etats-Unis (París, 1921); B. PINTO: "Des juges qui ne gouvernent pas. Opinions dissidentes a la Court Supreme des Etats-Unis 1900-1933 (París 1934) ; H. ARTHUR STEINER: "Problemi attuali del diritto costituzionale americano" (Rivista internazionale di filosofia del diritto, 1937). Sería un interesante problema sociológico verificar cuál es la influencia real del partido comunista de la Unión Soviética en la elección de los jueces. En la ordenanza del 25 de septiembre de 1948 sobre la elección de los miembros de los tribunales populares, se establece en el artículo 26, que el derecho de presentar candidatos corresponde a organizadores y asociaciones de obreros: organizaciones partidarias comunistas, gremios, organizaciones cooperativas, organizaciones juveniles y asociaciones culturales. En la Constitución soviética, de 1936, en el artículo 126, se establece que el partido comunista "constituye el núcleo directivo de todas las organizaciones de obreros, tanto sociales corno estatales". Cfr. P. L. POSPELOV: "El partido de Lenin y Stalin, la fuerza rectora de la sociedad soviética", especialmente pág. 10 y ss. (Moscú 1947, en ruso).

del juez"), esta cláusula general no se refiere a la parcialidad que responde a influencias sociales de factores de poder. Esta parcialidad no es reconocida la mayoría de las veces por los jueces parciales. También es dudoso que sobre la base de una demanda de nulidad, un tribunal superior reconociera esta parcialidad porque las personas-órganos de este tribunal se encuentran bajo las mismas influencias sociales de factores de poder que las personas-órganos de la primera instancia.

A menudo se señala que la comunidad jurídica debería asegurar, mediante una adecuada política de salarios, la independencia económica de los jueces. Esto aseguraría, se argumenta, también la independencia espiritual del juez frente a influencias sociales de los factores de poder. Hay mucho de verdad en todo esto. Pero por otra parte, un juez económicamente independiente se sentiría, por razones de agradecimiento, mucho más estrechamente vinculado aun a la ideología política y económica dominante. Mediante salarios suficientes para los jueces, se eleva su nivel técnico —lo que mediatamente conduce a una juris-dicción objetiva e imparcial.

La objetividad del juez presupone una reflexión serena, una comprensión profunda del caso jurídico concreto de que se trata. El personal auxiliar de los órganos de la juris-dicción debería, por consiguiente, estar estructurado de tal manera que el juez pudiera concentrarse completamente en su actividad judicial y no estar sobrecargado con trabajos insignificantes. Pero esta cuestión de organización es, en gran parte, un problema financiero. En Finlandia, en los últimos años, esta cuestión ha sido objeto de estudio. Los jueces departamentales, que antiguamente estaban sobrecargados con trabajos insignificantes, tienen ahora a sus órdenes juristas jóvenes como notarios. Pero el reducido sueldo de estos notarios tiene poco poder de atracción ya que los jóvenes juristas pueden lograr como abogados una posición económica mucho más ventajosa.

Las garantías que se buscan mediante la estructura de los órganos de la juris-dicción, con el objeto de obtener una juris-dicción objetiva, son complementadas a través de las instancias. Mediante ellas es posible un nuevo examen tanto de la cuestión de hecho como de derecho. Existe aquí una probabilidad de que la no-objetividad de la instancia inferior que no está condicionada por relaciones sociales de poder, puede ser corregida en parte. En qué medida esto sucede, depende de dos procedimientos en las instancias superiores. Si este procedimiento está organizado de tal manera que la instancia superior no entra en contacto directo con ninguna de las partes (procedimiento escrito), las posibilidades de una corrección en el sentido de la objetividad son menores que cuando este contacto existe. Podría, desde luego, parecer que la falta de un contacto real con las partes es ventajosa para la objetividad, la misma diosa de la justicia es representada con los ojos vendados. De esta manera podrían evitarse impulsos sentimentales perjudiciales.

Una objetivización efectiva del fallo de una instancia inferior, mediante la superior, presupone que la competencia técnico-jurídica de las personas-órganos superiores no es menor que la de las instancias inferiores. En Finlandia, en donde los ingresos de los jueces departamentales son, en general, mucho más grandes que los sueldos de los jueces de la segunda o tercera instancia, sucede a menudo que hasta los jueces de la instancia suprema, consideran a estos puestos como un puesto de transición hacia el puesto de juez departamental (primera instancia). Debido a esta anomalía, continuamente los elementos más competentes pasan de los tribunales superiores a la primera instancia, lo que para una juris-dicción popular sólo puede ser ventajoso, ya que con esto se disminuye la necesidad de recurrir a medios jurídicos.

Si pasamos ahora al procedimiento de la jurisdicción, hay que destacar especialmente desde el punto de vista de la objetividad, que este procedimiento es normalmente un procedimiento en el que intervienen dos partes y en el que el órgano de la juris-dicción sólo constituye el transfondo. Aunque el principio de las dos partes — debido a la intervención de la jurisdicción— ha encontrado también aceptación en el moderno procedimiento administrativo, este principio tiene importancia central en la juris-dicción. Mediante el principio "audiatur et altera pars", el procedimiento de la juris-dicción se transforma en un debate con argumentación y contra-argumentación. Un debate de este tipo ofrece las mejores posibilidades para obtener objetividad. Pero este principio no debe ser interpretado, en los países civilizados modernos, de ninguna manera en el sentido de que los órganos de la jurisdicción no están interesados en alcanzar una verdad material. Por el contrario, el interés público en la verdad material aparece de diferente manera en la dirección del proceso moderno —también en el campo del proceso civil[4]. Pero en una jurisdicción objetiva tiene que considerarse como progreso decisivo el que el proceso penal inquisitorial haya sido desplazado en todas partes[5] y

4 Cuando Schönke, en sn "Zivilprozessrecht" (Berlín 1938) pág. 3, sostiene que la acentuación del aspecto de derecho público del proceso civil lo aproxima al proceso penal, su afirmación puede estar condicionada ideológicamente en parte por la concepción nacional-socialista del estado y del derecho, pero expresa una tendencia general del derecho actual.

5 En el muy anticuado derecho procesal finlandés existen evidentemente rudimentos del procedimiento inquisitorial en "causas penales graves", es decir precisamente allí en donde los sentimientos subjetivos pueden ser excitados, en donde el peligro de la no objetividad judicial es mayor.

que el proceso penal se haya transformado en un debate realizado con sentido objetivo. En el derecho procesal moderno (como por ejemplo en el derecho ruso-soviético y en la ley procesal sueca de 1942) se presta especial atención a la defensa del demandado. El derecho sueco llega a permitir que el fiscal interponga un recurso en beneficio del demandado[6].

Si el principio del procedimiento de las dos partes estimula una juris-dicción objetiva, esto no puede, de ninguna manera, afirmarse con respecto al principio de la libre valoración de la prueba. Aquí se encuentra, como la experiencia lo ha demostrado suficientemente, la puerta principal por donde penetra la arbitrariedad judicial cuando el talante fundamental del juez es creado por el tipo de proceso que hay que decidir. Cuando este principio ha sido aceptado por el derecho positivo, no hay ninguna sanción jurídica posible en contra de una valoración de la prueba absurda o parcial, por parte del juez. La independencia de la juris-dicción reconocida por las constituciones modernas puede transformarse en peligro real cuando está combinada con la libre valoración de la prueba. La jurisdicción puede entonces llegar a tener una "vida propia", independiente de todo control efectivo por parte de los ciudadanos del Estado y "construir" arbitrariamente los hechos que hay que juzgar. De esta manera, se puede colocar en la base del fallo un cuadro de los hechos completamente desfigurado, lo que muy a menudo sucede en los procesos políticos. En los procesos no políticos, que no están dominados por la tensión amigo-enemigo, el peligro de una valoración arbitraria de la prueba, aunque no queda excluido totalmente, es sin embargo más reducido. Los procesos no políticos constituyen la mayoría de los fallos judiciales en todos los Estados. La convicción jurídica dominante en la actualidad no se conformaría tampoco con una valoración de la prueba puramente formal, pues mediante una valoración libre de la prueba manejada objetivamente se alcanza seguramente la verdad material. Por esta razón, la libre valoración de la prueba tiene que ser considerada como ventajosa para la maquinaria de la jurisdicción en su totalidad, no obstante los fuertes reparos que pueden presentarse desde el punto de vista de la objetividad[7].

---

6 Capítulo 20, párrafo 2. Sobre sus fundamentos ver PER OLOF EKELÖF : Kompendium over den nya rättegängsbalken", 2a. ed. Uppsala, 1945, pág. 62. En la praxis del Tribunal Supremo de Finlandia, hay también tentativas similares pero sólo en los casos en donde existe una prueba falsa de los hechos en el procedimiento de prueba, o una falsa interpretación de la ley. Ver por ejemplo, los fallos del 14-9-1932, 6-9-1946, 24-3-1947.

7 El derecho procesal finlandés que originariamente (Código Sueco de 1734) defendía la valoración legal de la prueba —había libre valoración sólo para la prueba escrita— fue conducido poco a poco por la praxis al punto de vista de la libre valoración de la prueba. Pero cuando el Ministerio de Justicia presentó al Parlamento un proyecto de ley que defendía en principio el punto de vista de una libre valoración de la prueba, se formularon

El hecho de que la marcha del proceso moderno esté reglada la mayoría de las veces, hasta en sus menores detalles, por normas jurídicas coactivas, favorece la objetivización de la juris-dicción. Las personas órganos que intervienen en la juris-dicción están impedidas, de esta manera, de obrar según criterio libre. Su actuar es conducido exactamente por vías ya previstas mediante las normas procesales.

El derecho de los países civilizados modernos considera que la juris-dicción debe realizarse públicamente[8]. El principio de publicidad es algo específico de la juris-dicción. Aun cuando este principio ha encontrado también aceptación en la administración de algunos Estados de derecho modernos, no tiene aquí nunca aquella importancia central que posee en la juris-dicción. Más bien, hay que considerar a este principio en la administración como un efecto reflejo de la publicidad reconocida en la juris-dicción. El Estado de derecho liberal busca extender las formas de la juris-dicción a un campo lo más amplio posible.

El reconocimiento del principio de publicidad en la juris-dicción no es de ayer. Así, por ejemplo, este principio está ya presente en el antiguo derecho sueco-finlandés. Cuando este principio está reconocido positivamente, significa la creación de un factor muy importante de objetivización. Las personas-órganos que actúan en la juris-dicción están entonces obligados a ejercer los actos de su función bajo un control continuo de los miembros de la comunidad. En los Estados modernos este control está reforzado también por la prensa.

---

fuertes objeciones a este proyecto y la cuestión pudo ser resuelta positivamente sólo después de largas discusiones. La nueva ley procesal sueca de 1942 (en vigencia desde el 1° de enero de 1948) admite la libre valoración de la prueba en el capítulo 35, párrafo 1°. A, J. WYSCHINSKIJ: "Teoría de la prueba judicial según el derecho soviético", 2° ed. Moscú 1936 (en ruso), pág. 107-246, presenta una interesante exposición de la libre valoración de la prueba en el derecho capitalista-privado y en el socialista.

8 Así por ejemplo la Constitución ruso-soviética de 1936, párrafo 111.

CONTROLES SOCIALES

La juris-dicción está controlada por los miembros de la comunidad jurídica. Sin un control de este tipo la juris-dicción no podría contar con la confianza de los miembros de la comunidad. Y esta confianza tiene gran importancia para la conservación del orden jurídico. En esta conservación, la juris-dicción acata sólo en casos de excepción poco frecuentes. Pero cuando esto sucede, sus decisiones deben gozar de la más alta autoridad entre los miembros de la comunidad. Esta autoridad puede sólo apoyarse sobre la confianza.

La juris-dicción independiente desde el punto de vista jurídico, está de esta manera limitada en sentido sociológico por el control de los miembros de la comunidad. Cuando un fallo es aprobado por ellos aumenta la probabilidad de que en el futuro en un caso similar se pronuncie un fallo similar. Pero si el fallo es rechazado violentamente, disminuye la probabilidad en la misma proporción. Las personas órganos que intervienen en la juris-dicción se encuentran aquí bajo una presión psicológica que tiene la mayor importancia para el funcionamiento de la maquinaria judicial.

Esta presión no influye en todos los casos de una manera objetivante. Cuando intereses o convicciones personales de determinados individuos o de grupos humanos son puestos en tela de juicio, sus exigencias frente a la juris-dicción estará determinada por estos intereses o convicciones. También cuando estos intereses o convicciones no están inmediatamente en juego, la experiencia indica que personas que no están educadas en el pensar técnico-jurídico, a menudo juzgan de una manera más arbitraria y subjetiva que las personas órganos que intervienen en la juris-dicción. La crítica dirigida en contra de la juris-dicción se funda en muchos casos, en que los críticos no son capaces de adoptar una postura objetiva. La objetividad se logra después de una larga y difícil una manera negativa, como por ejemplo en Dostojewski, Wassermann y Kafka, La actitud fríamente objetiva no es propia de un artista y es para él algo inquietante. Tiene que reaccionar violentamente en contra. Pero la jurisdicción debe —si quiere realizar su alta misión y garantizar la paz interna de la comunidad— insistir absolutamente en la objetividad y no doblegarse ante los sentimientos y emociones de los miembros de la comunidad.

Pero el control social sobre la juris-dicción contiene además de la componente subjetivante, un fuerte componente de objetivación. A pesar de su subjetividad, los ciudadanos de los países civilizados modernos esperan y exigen de la juris-dicción, sobre todo, objetividad. También sus intereses subjetivos y convicciones personales aparecen a menudo bajo el manto de una objetividad de este tipo y son, por eso mismo, muy difíciles de combatir. Este fenómeno es una expresión del hecho anímico de que en la personalidad de los hombres, en las valoraciones jurídicas actúa profundamente una tendencia a la objetividad. Westermarck ha señalado un fenómeno similar en el campo de la moral (el elemento de desinterés en las valoraciones morales). Mediante la función de los símbolos, el hombre se crea un mundo cultural que está constituido por una totalidad de valoraciones condicionadas socialmente. La participación en este mundo cultural significa que el hombre, a pesar de que su subjetividad, está biológicamente condicionada, está predestinado a una cierta objetividad, presente en todas sus valoraciones.

La componente objetivante en el control social puede ser estudiada más de cerca en un fenómeno socio-psicológico que llamaremos "la convicción jurídica dominante". Esta es una fundamentación de valoración unitaria en las cuestiones del derecho que existe en la mayoría de los miembros de la comunidad y que se actualiza en los casos concretos, como "sentimiento jurídico". Esta fundamentación de valoración no necesita estar presente en todos los miembros de la comunidad: hablar de una "convicción jurídica general" es una pura ficción. La expresión "convicción jurídica" no ha tenido éxito porque precisamente tiene que designar una fundamentación de valoración que está profundamente enraizada en la personalidad total del hombre. El que en este fenómeno —tal como lo ha destacado acertadamente Max Rümelin— actue también un factor intelectual,: no modifica en nada el hecho fundamental. A través de él se aclara la constante relativamente grande del contenido de valoraciones jurídicas en miembros diferentes de la misma comunidad jurídica. Se puede comprobar claramente una diferencia precisa con respecto a la llamada "opinión general", cuyo contenido inestable está en gran parte constituido, en las comunidades jurídicas actuales, por la prensa controlada por determinados grupos de intereses.

La significación objetivante de la convicción jurídica dominante se basa en el hecho de que a través de ella las valoraciones jurídicas quedan enraizadas socialmente. El derecho no "vive" únicamente en las acciones coactivas impuestas y realizadas por los órganos de la comunidad. El derecho vive, sobre todo, en las valoraciones de los miembros de la comunidad. La validez de las normas jurídicas depende de la fuerza y espontaneidad de estas vivencias de valores.

Esto vale tanto para los miembros "privados" de la comunidad como para las personas-órganos. Las sanciones constituyen sólo el marco exterior alrededor de estas valoraciones y juegan un papel directivo en la vida humana del actuar. El fenómeno psíquico-social de la convicción jurídica dominante significa que estas valoraciones no se dividen en tantas variantes como miembros de la comunidad hay, sino que son unificadas y objetivadas.

De esta manera, la convicción jurídica no es ninguna ficción[1]. En las revoluciones, su significación se muestra claramente. En los primeros años después de la gran revolución rusa de octubre intentaron algunos teóricos negar carácter jurídico al nuevo derecho soviético porque —así se argumentó— la convicción jurídica dominante en Rusia no apoyaba el nuevo derecho y por consiguiente, este "derecho" era una mera técnica de la violencia. La segunda guerra mundial ha demostrado claramente que el orden comunitario socialista estaba aprobado internamente por una aplastante mayoría de los miembros de la comunidad. El número de traidores, bajo las circunstancias más desfavorables, fue muy reducido.

Es difícil imaginar que la maquinaria judicial se encuentre permanentemente en oposición con la concepción jurídica dominante. Normalmente se da el caso de un recíproco apoyo. Se podría hablar de una función negativa y otra positiva de la convicción jurídica dominante en la objetivización de la juris-dicción. Su función negativa consiste en que actúa como señal de alarma en caso de proyectos de fallos arbitrarios. Antes de que el fallo sea definitivamente formulado y anunciado públicamente, pueden los jueces —cuya convicción jurídica casi sin excepción armoniza con la convicción jurídica dominante— ser advertidos mediante una reacción negativa de su sentimiento jurídico. Un buen juez examina siempre su proyecto y su fallo a la luz de su convicción jurídica. Sólo así pueden evitarse fallos equivocados, provocados por subsunciones aparentemente obligatorias. Cuando se ha pronunciado un fallo equivocado, la reacción negativa de los miembros de la comunidad puede impedir que en el futuro se pronuncien fallos similares.

La función positiva de la convicción jurídica dominante en la objetivación de la juris-dicción. consiste no sólo en dar normas de fallos precisas: no puede proporcionar un simple fundamento de valoración. La convicción jurídica dominante, tal como la siente el juez, puede aprobar un fallo a pronunciarse y de esta manera puede facilitar su decisión. Puede, mediante aprobación de un fallo ya pronunciado, dar directivas a la futura juris-dicción. Sin embargo,

---

1 El conocido jurista finlandés OTTO HJALMAR GBANFELT, dijo una vez: "No existe una conciencia jurídica general".

la función negativa de 1a convicción jurídica dominante parece ser en la juris-dicción actual, altamente tecnificada y racionalizada, más importante que su función positiva. Hay que pensar también que el sentimiento jurídico no reacciona en todos los conflictos de situación[2].

A pesar del efecto objetivante de la convicción jurídica dominante sobre la juris-dicción, ésta no tiene que seguir sin crítica alguna los sentimientos colectivamente enraizados[3]. Más bien, puede plantearse con razón la cuestión fundamental acerca de si una juris-dicción no está obligada al mismo tiempo a educar la convicción jurídica dominante. Esto no puede ser confiado como monopolio exclusivo a la legislación, porque precisamente una educación real y efectiva sólo puede realizarse en primer lugar mediante la juris-dicción. ¡Cuán insensato es, por ejemplo, que en el derecho penal se refuercen instintos de venganza religiosamente primitivos, mediante una referencia a las supuestas exigencias de la "sana sensibilidad del pueblo"! De esta manera, puede volverse imposible todo progreso racional y científico del pensamiento jurídico. La convicción jurídica dominante está —como es sabido— infiltrada por algunos rudimentos primitivos e indignos de un Estado civilizado.

Las exigencias de la convicción jurídica dominante son, a menudo, presentadas en nombre de la "justicia". Con esto se persigue la racionalización de estas exigencias. A través de un análisis más prolijo del concepto de justicia surge, de una manera especialmente clara, de qué manera estadios profundos de la personalidad del hombre están afectados por el derecho. Se pueden distinguir en la justicia dos componentes: uno metafísico-religioso y otro lógico-racional, El componente metafísico hace que la valoración de la justicia posea una "profundidad" impresionante que afecta a toda la personalidad. Siempre es comprobable el hecho de que los hombres, debido a su vivencia de la justicia, son llevados a veces hasta destruir la existencia biológica de otros hombres. El componente racional aparece en las formulaciones comunes de la justicia según las cuales lo igual debe tratarse igualmente y lo desigual, desigualmente y a cada uno debe darse lo suyo. Entre los componentes metafísicos y racionales de la justicia no hay contradicción alguna: en ambos se refleja la estructura espiritual del hombre, en donde lo metafísico y lo racional están indisolublemente ligados.

¿Actúa objetivamente la vivencia de justicia de las personas órganos sobre la juris-dicción? Podría parecer que esta experiencia, debido a

---

2 Isay: "Rechtsnorm und Entscheidung", Berlín 1929, pág. 101.

3 Rudolf Stammler ha señalado en varias oportunidades la indeterminación del sentimiento jurídico. Por ejemplo en: "Rechtsphische Abhandlungen und Vorträge", I, II (Charlottenburg 1921), I, pág. 242, II, pág. 397 y ss.

su "profundidad" y su conmovedora seriedad personal, como así también debido a su componente racional, actúa objetivamente en un grado muy elevado. Pero esto es una ilusión peligrosa. Un juez, que dominado por el pathos de la justicia, pronuncia su fallo, tiene, por lo general, el sentimiento de actuar objetivamente y de una manera universalmente válida. Pero en verdad está librado a impulsos personales metafísicos, incontrolables, extraordinariamente aptos para encubrir intereses egoístas, individuales o colectivos. Cuando el pathos profundo de justicia va unido a una autocrítica igualmente fuerte, la vivencia de justicia puede contribuir extraordinariamente a 1a objetividad. Pero un juez dominado por el pathos de la justicia puede muy difícilmente practicar al mismo tiempo la autocrítica.

El valor de la vivencia de justicia, como factor objetivante de la jurisdicción, está disminuido por el hecho de que esta vivencia (lo mismo que el sentimiento jurídico) no puede dar directivas precisas para el fallo. Entre el sentimiento de una rectitud inequívoca y evidente y la falta de directivas objetivantes fundamentales existe una extraña contradicción. Sólo cuando la vivencia de justicia se limita a mantener alejado del pronunciamiento judicial todos los factores no jurídicos, todos los factores de poder y todos aquellos que son meramente ideológicos, puede ser útil para una jurisdicción objetiva. Pero esta función en sí tan importante, es puramente negativa. Al mismo tiempo es puramente formal. Afirma únicamente que una reflexión, para que pueda mantenerse libre de influencias poderosas, ha de ser realizada con el mayor cuidado posible.

Como resultado de una creciente racionalización puede considerarse el hecho de que el concepto utilitario de la ventaja común haya ido, cada vez más, ocupando el papel directivo del concepto de justicia en las discusiones objetivas. El concepto de justicia se ha ido retirando al ámbito de las discusiones políticas sentimentales. Conceptos tales como "utilidad común", "bienestar del Estado", son menos adecuados aun que el de la justicia para influir objetivamente en la juris-dicción. El momento idealizante es precisamente en estos conceptos utilitarios, muy fuerte. Estas palabras en sí, tal como efectivamente son utilizadas en la vida diaria, son sólo expresiones sugestivas de un sentimiento. Sólo en casos muy poco frecuentes se llega a una fundamentación objetiva, porque entonces se vuelve dolorosamente sensible la relatividad de las valoraciones fundamentales[4].

En este capítulo se señaló anteriormente que un buen juez, en la búsqueda de una decisión adecuada al derecho, controla sus proyectos mediante su sentimiento jurídico vinculado a la convicción

4 En la filosofía católica del derecho, especialmente en el tomismo, el concepto "utilidad general" es utilizado en un sentido marcadamente metafísico.

jurídica dominante. El control social de la jurisdicción puede también exteriorizarse en el hecho de que el sentimiento jurídico del juez se vuelve violentamente en contra del proyecto de un fallo que juzgado según las normas jurídicas válidas, parece absolutamente impuesto. Si el sentimiento jurídico del juez rechaza el fallo proyectado por no ser equitativo, ¿puede aquí el juez seguir un sentimiento jurídico y juzgar contra legem? Si se considera la pregunta de una manera puramente formal, la respuesta parece clara: si el derecho positivo no contiene una autorización para una corrección de este tipo, el juez tiene que seguir el derecho positivo aun cuando no sea equitativo, por más que se oponga a su sentimiento jurídico. Pero la fuerza efectiva de la convicción jurídica es tan fuerte, que en todos los órganos jurídicos positivos ha quebrado el principio teórico mencionado más arriba. Esta quiebra queda disfrazada como laguna en el derecho: se "comprueba" que en el caso presente falta una norma jurídica y de acuerdo con esta comprobación ficticia, pronuncia el juez una "decisión en caso de laguna", que armoniza con su sentimiento jurídico[5]. Aquí aparece lo que podríamos llamar la dialéctica de la profesión de juez. Como el derecho, y especialmente la juris-dicción que aspira a su realización, están profundamente enraizados en la personalidad total del hombre y vinculados a sus valoraciones fundamentales, aparece en la jurisdicción el sentimiento jurídico humano con fuerza elemental a través del terraplén de las normas jurídicas abstractas. Pero antes de que el juez pronuncie su fallo de equidad (fallo en caso de laguna) debe pensar que de esta manera lesiona la seguridad jurídica. La seguridad jurídica es uno de los valores fundamentales de la vida comunitaria organizada. La equívoca palabra "seguridad jurídica" es utilizada aquí en el siguiente sentido: la previsibilidad de las decisiones jurídicas producida a través de las normas jurídicas abstractas y racionales[6] [7]. Max Weber y Hermann Isay han destacado expresamente que la vida económica moderna exige de manera absoluta una gran previsibilidad de las decisiones jurídicas. Pero también tiene que señalarse que la importancia fundamental de la seguridad jurídica no está condicionada de ninguna manera por un determinado sistema económico. En toda comunidad jurídica

---

5 Bien en KELSEN: "General Theory of Law and State", 1945, págs. 146-148.

6 En oposición a esta definición formal, la seguridad jurídica es a menudo entendida en un sentido material, especialmente en el "estado de derecho" que se basa sobre los principios del capitalismo privado. La seguridad jurídica significa entonces, que los derechos de los ciudadanos, sobretodo el derecho de propiedad, deben ser protegidos efectivamente frente a los ataques del estado o de los otros ciudadanos. Pero tal seguridad "material" es una seguridad económica (Osvi Lahtinen).

7 OSVI LAHTINEN ha señalado acertadamente que la objetividad de la juris-dicción podría ser definida simplemente como la predicibilidad de las decisiones jurídicas. De esta manera, se evitaría el matís psicológico de este concepto fundamental.

es esencial una predeterminación objetiva de los deberes jurídicos mediante normas abstractas[8]. Desde el punto de vista de la jurisdicción objetiva es necesario pues actuar con extraordinaria reserva frente a los juicios de equidad. Cuando una consideración de equidad no está apoyada en su contenido de una manera inequívoca por la convicción jurídica dominante, la arbitrariedad subjetiva se encuentra peligrosamente cerca.

8 Cuando la comunidad jurídica se basa en una ideología dinámica vertida totalmente al futuro, la seguridad jurídica tiene que ceder frente al valor dinámico fundamental. Así por ejemplo en la Unión Soviética (valor fundamental: realización del comunismo). Una excelente introducción a la ideología jurídico ruso-soviética se encuentra en A. I. Denisov: "Teoría del estado y del derecho" (en ruso), Moscú 1948, especialmente pág. 3-39 y 286-527.

EL DEBER DE FUNDAMENTACIÓN

La fundamentación de una decisión jurídica significa que en conexión con la decisión se indican los hechos probados y las normas jurídicas sobre las cuales se apoya la decisión. Presupuesto de este procedimiento es que exista una decisión, es decir una disposición de un órgano de la comunidad jurídica basada en el derecho positivo. Esta decisión puede ser una decisión de la administración o de la juris-dicción[1].

Los órdenes jurídicos de los países civilizados actuales contienen sin excepción disposiciones que establecen que los juicios deben estar fundados. En algunos casos este principio está incorporado en la constitución[2]. A menudo se ordena expresamente, en mayor o en menor medida, un deber de fundamentación también en las decisiones administrativas, o bien se lo deduce por analogía del deber de fundamentar los fallos. Mientras que el deber de fundamentación en las decisiones de la administración está basado en consideraciones de funcionalidad y, por consiguiente, está absolutamente condicionado por la ideología dominante en la comunidad jurídica, el deber de fundamentación en las decisiones de la juris-dicción parece tener un fundamento más profundo. Como la jurisdicción persigue una realización del derecho positivo, la fundamentación de sus decisiones, especialmente de los fallos, es no sólo natural, sino esencial. Desde luego el deber de fundamentación de los fallos está también en cierto modo afectado por la ideología dominante. El absolutismo de Estado no veía con buenos ojos la fundamentación de los fallos: un poder estatal "por la gracia divina" no necesitaba fundamentar in extenso sus decisiones ante los ciudadanos. Más bien creía que su autoridad se vería debilitada con tales justificaciones. Se llegó tan lejos en este sentido que se pronunciaron fallos completamente infundados[3].

---

1 Las decisiones de la juris-dicción en cuestiones de derechos reales serán llamadas en este libro "fallos".

2 El Código Sueco de 1734, cuyo derecho procesal (con modificaciones) estuvo en vigencia en Suecia hasta el 1° de enero de 1948 y que aun rige en Finlandia, expresa claramente: "Todo fallo debe ser elaborado sobre las bases de la ley y no de la arbitrariedad".

3 E. Glasson, René Morel, Albert Tissier: "Traité théorique et practique d'organisation judiciaire, de compétence et de procédure civile", 3a. ed., Paris 1929, III, pág. 39. Con respecto

El artículo 208 de la Constitución francesa del 5 Fructidor del año 3 (1791) puede ser considerado como una reacción en contra de estos graves abusos: "les jugement sont motivés, et on y énonce les termes de la loi appliquée". Cuando en una comunidad jurídica se reconoce el principio democrático, sea en sentido jurídico formal (de capitalismo privado) o en sentido económico (socialista), es posible deducir el principio de la fundamentación del fallo. El deber de fundamentación significa entonces una condición del control efectivo de la juris-dicción, a través de los ciudadanos. La crítica pública de la juris-dicción puede intervenir con mucha mayor fuerza cuando no sólo se publican los fallos sino también sus fundamentos.

Los fundamentos de un fallo no deben ser confundidos con los motivos del fallo (psicológico- individuales). El concepto de fundamento es normativo-jurídico: significa algo (hechos, normas), que según el derecho positivo debe ser vinculado a todo juicio. Por el contrario, el concepto de motivación del fallo está referido a la vida anímica del juez; el punto de vista es aquí causal. Una fundamentación del fallo de este tipo, por más profunda que sea, no garantiza de ninguna manera una juris-dicción objetiva. Pero existe una vinculación entre fundamentación del fallo y motivación del fallo. Como ya se dijo más arriba, es imposible alcanzar el ideal de una juris-dicción absolutamente objetiva, es decir de que el juez al juzgar esté guiado exclusivamente por el respeto al derecho. Por esta razón se destaca continuamente el deber de objetividad del juez. Pero una fundamentación objetiva, profunda y veraz puede difícilmente ser construida sobre la base de una motivación arbitraria. Aquélla presupone más bien una actitud fundamental del juez, en cierto modo objetiva, que sabe que debe fundamentar el juicio de una manera universalmente válida. Por lo tanto, el deber de fundamentación exige la objetividad y la autocrítica del juez.

Si el fallo fuese la consecuencia de un silogismo, es decir, si en primer lugar los hechos, en segundo lugar las proposiciones jurídicas y en tercer lugar el fallo, fueran miembros de un razonamiento lógico que en la fundamentación del fallo es tan sólo recapitulado, el deber de fundamentación podría ser considerado como una exigencia importante de una administración objetiva de justicia. Pero hoy se reconoce en general que la teoría del silogismo no corresponde a la realidad. Ya la misma verificación acerca de cuáles son los hechos relevantes presentados ante la justicia y cuáles son los probados, presupone una valoración. En la cuestión jurídica, la elección

---

a la condicionalidad ideológica de la fundamentación del fallo, ver: Per Olof Ekelöf: "Sakframställning och domskäl enligt nya RB" (Svensk Juristtidning 1947, pág. 261). Arthur. Landhagen: "Om motiverung av dem" (ibidem, pág. 321-322).

y combinación de las normas aplicables al fallo, están también estrechamente vinculadas a valoraciones[4]. Desde luego, un fallo ya listo con su fundamentación adicional, se presenta en una forma que recuerda exteriormente a un razonamiento lógico. Pero de esto no hay que deducir que el fallo, en la realidad, se haya producido efectivamente de esta manera. Esto no es exacto, entre otras razones, en virtud del hecho muy conocido de que a un fallo se adecuan a menudo varias fundamentaciones y que depende de las consideraciones finalistas del juez, la elección de la fundamentación[5]. Así pues, cuando se afirma que el fallo es un razonamiento lógico, se realiza una ficción que es tanto más peligrosa cuanto que con ella se encubre la significación real de la fundamentación del fallo.

Por otra parte se deduce, de una manera igualmente falsa, del reconocido carácter ficticio de la teoría del silogismo, que la fundamentación del fallo carece de toda significación real porque ella sería sólo una ficción o, en el mejor de los casos, el control ulterior de un fallo ya "listo"[6]. Cuando además se destaca el papel de una "intuición" racionalmente incontrolable, desaparece todo fundamento de una juris-dicción objetiva.

¿Cómo ha de entenderse la relación entre normas jurídicas abstractas y decisiones concretas "basadas" en estas normas? El deber de fundamentación del fallo nos conduce a uno de los problemas centrales de la teoría general del derecho. Si el derecho, tal como sucede en esta investigación, es referido a la naturaleza espiritual del hombre, si de esta manera la constitución biológica del hombre es a última hora, la "fuente" de todo derecho, entonces la racionalización de la vida comunitaria puede ser considerada como uno de los objetivos fundamentales del derecho. Esto no significa que los instintos primarios y racionales enraizados en el animal humano tengan que ser eliminados o debilitados[7]. Pero sí que las acciones humanas han de ser dirigidas de una manera cada vez más racional

---

4 Cfr. WALTER BUROKHARDT: "Einführung in die Rechtswissenschaft", Zürich 1939, pág. 157 y ss.; WILHELM SAUER: "Juristische Elementarlehre", Basel 1944, pág. 75 y ss.; ALF ROSS: "Retskilde og Metodelaere i realistik Belysning" (Tidskrift for Retsvidenskab, 1931).

5 En la juris-dicción finlandesa ha sucedido a veces que un fallo se apoya en varios fundamentos que conducen todos al mismo resultado final (OSVI LAHTINEN). Pero la ciencia jurídica procesal finlandesa actualmente dominante rechaza una técnica de fundamentación de este tipo.

6 En este sentido confrontar la sugestiva obra de HERMANN ISAY: "Bechtsnorm und Entscheidung", Berlín 1929, E. SCHREIER critica a ISAY en "Zeitschrift für öffentliches Recht", XI, especialmente en págs. 631-633.

7 Tal no es el caso debido a la total incapacidad del hombre de abstenerse de una aplicación destructiva de las fuerzas naturales desencadenadas. En virtud de la dinámica del orden económico creado por él, el hombre es arrastrado de una catástrofe mundial a otra —a una destrucción cada vez más total de los bienes de la cultura material y espiritual.

mediante sanciones coactivas de la comunidad jurídica. Este proceso progresivo de organización no implica en ningún caso un aumento ético del valor: las fuerzas sociales destructivas y constructivas son efectivizadas de la misma manera. El aumento de normas jurídicas que persigue una posibilitación y efectivización de la conducción de la guerra, es significativa en este sentido. (Servicio militar obligatorio, derecho penal militar, organización de la economía para fines de guerra). La racionalización provocada por el orden jurídico tiene, pues, que ser entendida en un sentido de indiferencia ética ante el valor, en un sentido puramente "técnico"[8].

La técnica de racionalización del derecho actúa mediante la elaboración de esquemas abstractos de acción según los cuales serán juzgadas las acciones humanas concretas y se impondrán sanciones coactivas. La juris-dicción significa una actividad continuada, ejercida mediante numerosos tribunales, a través de los cuales interviene el proceso jurídico de racionalización en los casos concretos. Para que el objetivo racionalización del derecho no se vea obstaculizado, las decisiones jurídicas y, sobre todo los fallos, tienen que estar firmemente vinculados a los esquemas de acción presentados por el derecho, es decir que el contenido de las decisiones y fallos tiene que ser deducible de estos esquemas de acción. Esto no significa una deducción en sentido lógico, sino una deducción axiológicamente condicionada, en sentido específicamente jurídico. En la fundamentación del fallo, su parte jurídica está formada por los esquemas de acción, pero la parte fáctica por acciones humanas (comprobadas en el proceso de prueba). La deducibilidad no dice tampoco nada acerca de la realización efectiva de los fallos, sino que se refiere exclusivamente al contenido de pensamiento de estos fallos. El deber de fundamentación de los fallos es una consecuencia del principio de deducibilidad; sin este principio se cercenaría el sentido del deber de fundamentación. El principio de deducibilidad, que debe ser concebido como un principio jurídico válido en el orden jurídico positivo, actúa siempre en la jurisdicción de una manera objetivante[9].

¿Qué significa una "fundamentación correcta" del fallo? Dentro del marco de la deducibilidad específicamente jurídica, axiológicamente condicionada, es correcta aquella fundamentación que, entre muchas otras posibles, responde mejor al complejo axiológico representado por el derecho positivo. Uno de estos valores fundamentales contenidos en este conjunto de valores es —como se acaba de comprobar— la

8 Dentro de una comunidad jurídica el derecho actúa pacificando, favoreciendo la cultura (la paz jurídica), pero a menudo sólo para posibilitar una mayor concentración destructiva hacia el exterior.

9 Razonamientos análogos en F. Schreier: "Zeit schrift für öffentliches Recht", XI, pág. 631 y ss.

racionalidad, la sencillez, la claridad del pensamiento jurídico. Cuando sobre mente posibles, debe darse preferencia a la fundamentalmente en cuenta todo el orden jurídico, aparecen varios fundamentos del fallo como igualmente posibles, debe darse preferencias a la fundamentación que por ser 1a más racional, sea también la más sencilla. En la mayoría de los casos que se presentan en la praxis, la fundamentación no ofrece ninguna dificultad. Esta aparece en los casos límites. En los casos normales, los hechos concretos pueden ser fácilmente colocados bajo los esquemas de acción abstractos del derecho; el fallo es casi inequívocamente deducible.

Por esta razón, no es necesario para la objetivación de la jurisdicción que la fundamentación del fallo en los casos sencillos y claros, entre en muchos detalles. Por el contrario, en los casos límites dudosos es absolutamente indispensable, en interés de la objetividad, una fundamentación detallada. Pero en tales casos, los tribunales de justicia intentan a menudo eludir una fundamentación difícil, expuesta a la crítica. La fundamentación se realiza entonces de una manera tan incompleta y general que sólo se crea la apariencia del cumplimiento del deber de fundamentación jurídico positiva. Desde el punto de vista objetivo, sin embargo, esta fundamentación carece absolutamente de valor. Pero más grave aún es cuando esta fundamentación es deliberadamente falsa. Esto sucede a menudo en los procesos políticos. Llamamos "falsa" a una interpretación, cuando no corresponde a los hechos o a las normas jurídicas correctamente interpretados. Desde el punto de vista externo, esta fundamentación aparente, puede parecer inobjetable, pero significa un grave atentado contra el deber de fundamentación.

Por consiguiente, cuando preguntamos en general si el deber de fundamentación es efectivamente realizado en la juris-dicción, hay que tener en cuenta que una respuesta a esta cuestión puede referirse naturalmente sólo a una comunidad jurídica históricamente dada y depende del espíritu dominante entre sus jueces y de la tradición. La tradición puede aquí seguir su propio camino en contra de la ideología dominante en la comunidad jurídica. Así en Suecia y en Finlandia, las fundamentaciones del fallo en los tribunales superiores son relativamente reducidas e insuficientes a pesar de que en ambos países domina una ideología política democrática[10]. Aquí también hay que notar que los jueces en Finlandia y en Suecia tienen, técnicamente, un alto nivel. Pero a menudo son, precisamente, los mejores jueces y los que más experiencia poseen los que evitan una fundamentación

10 Señalado acertadamente por Per Olof Ekelöf (Svensk Juristtidning, 1947, pág. 261). Este laconismo fue favorecido por la disposición expresa del Código Sueco de 1734, en el sentido de que en el fallo (sólo) hay que mencionar las razones fundamentales y la ley que lo fundamenta. La fundamentación del fallo es considerado aquí como parte del fallo.

profunda. Por una parte, porque estas fundamentaciones que implican pérdida de tiempo, sólo contienen en su opinión algo "evidente"; por otra, porque los jueces no quieren quedar obligados en el futuro mediante una motivación profunda.

¿Puede el deber de fundamentación ser sancionado efectivamente mediante medidas coactivas de la comunidad jurídica? Una sanción penal sólo se produce en casos de abusos evidentes, por ejemplo cuando falta hasta la misma fundamentación externa del fallo. También en tales casos los miembros del tribunal que sanciona son poco adecuados, por razones de solidaridad, para condenar con una pena a sus colegas, por "falta en el desempeño de sus funciones", cuando esta falta consiste únicamente en una deficiente fundamentación del fallo o en el hecho de que el contenido del fallo no es correcto[11]. Esto vale aún más todavía para el caso en que exista una fundamentación incompleta, y también cuando la fundamentación es falsa. El caso de una falsa fundamentación del fallo sólo puede suceder muy raramente, cuando se puede demostrar un eventual dolo del juez. Pero si excepcionalmente esto llegara a comprobarse, habría que pronunciar necesariamente un fallo penal contra el juez o los jueces.

Más arriba se vio que el principio de deducibilidad y la fundamentación del fallo que sobre aquél se basa, actúa de forma inmediatamente objetivante en la jurisdicción. Pero este efecto objetivante es también mediato. Por una parte, el sistema de instancias es reforzado mediante una fundamentación del fallo, objetiva y profunda, en los casos de interpretación y complementación de lagunas. No es posible realizar con éxito un examen de los fallos ya pronunciados, sin este presupuesto. Por otra parte, para que la judicatura pueda ejercer un efecto objetivante en la administración de justicia lo más efectivo posible, los fallos que han de ser utilizados como antecedentes tienen que estar objetiva y exactamente fundamentados.

A fin de aumentar el efecto objetivante de la fundamentación del fallo en los casos difíciles de interpretación y de complementación de lagunas, podría ser oportuno mencionar en la fundamentación motivos legales, resultados de la ciencia jurídica y fallos anteriores. La técnica de fundamentación, los fundamentos de las leyes, los resultados de la ciencia jurídica y los fallos anteriores. La técnica de fundamentación raciocinante de este tipo ha demostrado ser muy buena en el derecho inglés, pero es completamente extraña por ejemplo, en el derecho finlandés.

---

11 En la praxis del Canciller de Justicia finlandés se han producido casos —por supuesto, muy poco frecuentes— en donde la acción penal contra un juez se basaba en la falta de fundamentación del fallo. Cfr. por ejemplo mi informe del año 1906, pág. 8-9, pero aquí faltaba no sólo la fundamentación sino que el fallo, desde el punto de vista de su contenido, era también incorrecto.

INTERPRETACIÓN DE LA LEY Y EXAMEN DE LAS LAGUNAS: NORMAS Y TEORÍAS

La interpretación de la ley precede al fallo del juez. Interpretar y decidir deben por consiguiente, ser distinguidos conceptualmente. Pero, en la praxis están a menudo tan estrechamente vinculados que aparecen en un acto. Mediante la interpretación establece el juez el sentido de las normas jurídicas que han de aplicarse al caso concreto[1]. Si no encuentra aquí ninguna norma adecuada, tiene que crear después de un examen profundo, una norma para el caso y, apoyado en ella, pronunciar su decisión frente a esta laguna. Este examen tiene que ser distinguido claramente de la decisión en el caso de laguna. Conceptualmente tiene que ser distinguido también de la interpretación de la ley: comienza allí donde la interpretación se detiene[2]. Pero en la praxis, el limite no es rígido, especialmente entre la interpretación por extensión y la analogía (el más importante elemento auxiliar en el examen de las lagunas). En las antiguas teorías a menudo no se tenía en cuenta esta diferencia[3]. Pero también hoy puede ser conveniente, en las consideraciones teóricas, tratar de manera unitaria la interpretación de la ley y el examen de las lagunas que orgánicamente surgen de ella. Así se hará en este capítulo. Se podría formular una escala unitaria de determinación: en un extremo se encuentran las situaciones jurídicas que poseen normas jurídicas inequívocas, perfectamente claras, que no necesitan de la interpretación; en el otro, situaciones jurídicas en las que la decisión está completamente indeterminada, es decir no puede apoyarse ni en

1 ¿ Qué significan "sentido " y "verificar" en este contexto? Aquí no se analizará la problemática del concepto de interpretación, en especial del concepto de interpretación de la ley. El método de la interpretación de la ley no puede ser deducido desde puntos de partida filológicos o psicológicos. La Interpretación de la ley puede sólo ser considerada correctamente como un caso especial del "pensamiento jurídico propio de cada ley", y constituye un problema central de la teoría general del derecho.

2 Sobre el problema de las lagunas, cfr. OTTO BRUSIIN : "Toumarin harkinta normin puuttuessa" (El criterio del juez en caso de que falte la norma) 1938.

3 Así por ejemplo, el gran jurista finlandés del siglo 18 MATTHIAS CALONIUS: "Praelectiones in jurisprudentiam civilem", III, párrafo 8.

la analogía de la ley ni en la analogía del derecho (principios generales del derecho positivo). Estos casos extremos son poco comunes[4].

Entre las disposiciones de interpretación y las de lagunas hay que hacer una distinción fundamental. Por una parte, algunos órdenes jurídicos positivos contienen normas de interpretación y de lagunas; por otra, la teoría del derecho (la teoría general del derecho) ha elaborado sus propias teorías de interpretación y de lagunas. En el fondo, la teoría jurídica también formula normas para la interpretación de la ley y el examen de las lagunas. A fin de evitar malos entendidos sería aconsejable no utilizar en este caso la palabra "norma" sino el término "directiva". Entre las normas de interpretación y las de lagunas jurídico-positivas por una parte, y las directivas elaboradas por la teoría del derecho, por otra, existe una relación recíproca. Las directivas son adoptadas como normas en el orden jurídico, A su vez, las normas tienen una acción fecundante en la teoría.

Las normas de interpretación jurídico-positivas significan que el derecho formula normas acerca de cómo debe establecerse el sentido de las normas jurídico-positivas. Algunas veces se ha pensado que las normas de interpretación no norman su propia interpretación, sino que ésta sólo puede lograrse mediante normas interpretativas de segundo grado. Aquí habría que pensar en un número infinito de grados de normas[5]. Pero para las necesidades de la vida práctica del derecho serían suficientes las normas interpretativas de segundo grado. Sin embargo, esta concepción no es correcta: las normas interpretativas jurídico-positivas reglan también su propia interpretación[6].

Las normas de lagunas jurídico-positivas significan que el derecho formula previsiones para los casos en que no puedan obtenerse, ni en el derecho legal ni en el derecho consuetudinario, bases suficientes para una decisión. Mediante la conferesión y regulación de su propia insuficiencia, el derecho positivo mitiga los efectos prácticos de esta

4 La división entre determinación de las lagunas y resolución de las mismas es muy difícil de mantener en la praxis. Así el artículo 1, 2 y 3 de la Ley Civil Suiza comprende tanto la determinación de las lagunas como la resolución de las mismas. Las normas jurídico-positivas que reglan el examen de las lagunas y la resolución de las mismas serán en adelante llamadas simplemente "normas de lagunas".

5 Así por ejemplo OTTO BKUSIIN: "Oikeusfilosofia ja **käytäntö"**, (Filosofía del derecho y praxis), en Defensor legis (Revista de la Asociación finlandesa de abogados), 1934.

6 Aun cuando no directamente, si al menos por la vía de la analogía. Si se acepta el punto de vista de que las normas de interpretación reglan la interpretación de todas las normas jurídico-positivas, con excepción de ellas mismas, puede deducirse la siguiente conclusión: los principios de interpretación válidos para la inmensa mayoría de las normas jurídicas tienen que valer también para las llamadas "normas de interpretación". La mayoría de las normas de interpretación formuladas de manera general y muy lacónicamente, contienen principios en forma de ley más o menos evidentes y comunes a todos los países civilizados modernos.

insuficiencia. Con las normas de lagunas se crea una complementación teórica del orden jurídico. Con las normas de interpretación y de lagunas adecuadamente formuladas y bien combinadas entre sí, el derecho positivo puede estimular esencialmente la objetivación de la administración de justicia. Pues en los casos de lagunas, el peligro de decisiones arbitrarias es especialmente grave.

Los órdenes jurídicos positivos adoptan actitudes diferentes con respecto a las normas de interpretación y de lagunas. Algunos no contienen ninguna norma legal general, por ejemplo el derecho francés vigente y el derecho alemán[7]. La norma general de interpretación del derecho finlandés vigente[8] tiene que ser interpretada en el sentido de que ofrece una base legal también para las decisiones por analogía, ya que en el siglo XVIII no se hacía una distinción radical entre interpretación y analogía. Los códigos civiles italianos de 1865 y 1942 no contienen ninguna norma de interpretación o de lagunas. Pero en ambos casos, se publicó simultáneamente con los códigos civiles una ley independiente que contiene entre otras, normas de este tipo. De esta manera se indicaba que estas normas tenían validez no sólo para el derecho civil. En el Código Civil Español de 1889 está contenida una norma general de interpretación y de lagunas en el capítulo de introducción (6;2). Este capítulo tiene el siguiente título: "Acerca de las leyes, sus efectos y las reglas generales de su aplicación"; también aquí las normas de interpretación y de lagunas tienen que ser interpretadas en el sentido de que no afectan al derecho civil. El Código Civil General Austríaco de 1811 contiene —como es sabido— bajo el título "De las leyes civiles en general" también normas de interpretación y de lagunas, que han sido interpretadas de tal manera que se limitan no sólo a la interpretación del Código Civil General. En ese sentido tiene que ser interpretado también el famoso artículo 1° del Código Civil suizo (bajo el título "Introducción. Aplicación del derecho")[9]

---

7 El primer proyecto de código civil mencionaba como criterio para el examen de las lagunas, junto con la analogía legal "los principios que resulten del espíritu del orden jurídico". Esta disposición fue suprimida en la segunda lectura por ser pesada, doctrinaria y prescindible. Cfr. "Protokolle der Kommission für die zweite Lesung des Entwurfs des Bürgerlichen Gesetzbuches", I, Berlín 1897, pág. 2. En el proyecto del Code Civile, en el capítulo de introducción, se propusieron una serie de disposiciones de interpretación (Titre V).

8 Capítulo I, párrafo II, en la sección sobre tribunales de justicia y procesos del Código Civil de 1934: "El juez debe examinar cuidadosamente el sentido y fundamento correcto de la ley y fallar de acuerdo con ellos...".

9 El Código Civil Chino de 1929, en su articulo 1° parece limitar expresamente al derecho civil la norma de lagunas allí contenida. En las disposiciones sobre lagunas o interpretación contenidas en el proyecto de un Código popular alemán, estaban formuladas tan ampliamente que se referían a todo el derecho. Así por ejemplo el párrafo 21: "la interpretación de las leyes no está sometida a su texto literal..." (Volksgesetzbuch. Grundregeln Entwurf und Erläuterungen, vorgelegt von J. W. HEDEMANN, H, LEHMAN,

Cuando un orden jurídico no contiene ninguna norma legal general acerca de la interpretación o del examen de las lagunas, es concebible que tales normas existan en el derecho consuetudinario, una verificación inequívoca y segura de su contenido, puede ser sin embargo muy difícil[10]. Cuando un orden jurídico que no está construido sobre fallos anteriores obligatorios no contiene normas legales acerca de la interpretación y examen de las lagunas, este ámbito queda premeditadamente librado por el legislador, a la teoría jurídica. Este punto de vista está apoyado por el hecho, comprobable mediante la comparación del derecho, de que las normas de interpretación y de lagunas, cuando están formuladas en la ley, son breves y lacónicas, de tal manera que parece cuestionable la utilidad que de ellas pueda obtenerse y están allí más bien como simple elemento de decoración. Esto tiene su razón —se podría decir— en el hecho de que la interpretación de la ley y el examen de las lagunas no son adecuados, por su propia naturaleza, para ser objetos de una regulación legal.

Pero hay una razón que decididamente habla en favor de las normas jurídico-positivas de interpretación y de lagunas. En todos los órdenes jurídicos en donde se presentan tales normas, éstas persiguen un objetivo común: la objetividad de la juris-dicción. Aun cuando sean lacónicas es posible leer en ellas este objetivo, y la mayoría pretenden precisamente con su brevedad destacarlo. Es necesario otorgar importancia fundamental a este destacamiento claro y expreso de las máximas de objetividad en la ley.

Cuando la norma de interpretación del derecho finlandés vigente, como se acaba de señalar, afirma: "El juez debe examinar cuidadosamente el sentido y fundamento correcto de la ley y juzgar de acuerdo con ellos, pero no en contra, según su propio arbitrio", se expresa de una manera especialmente clara la máxima de objetividad. Igualmente en el artículo 1°; 2 del Código Civil Suizo[11], según el cual

---

W. SIEBERT, München und Berlín, 1942). El hecho de que las normas de lagunas y de interpretación se presenten la mayoría de las veces en los códigos civiles puede explicarse teniendo en cuenta que tradicionalmente esta parte del derecho es la que está más elaborada desde el punto de vista teórico. La jurisprudencia romana, la jurisprudencia de la época de rescensión del derecho romano y la europea basada en aquella, eran principalmente una jurisprudencia de derecho civil. Aquí no se analizarán las normas especiales de interpretación que reglan sólo la interpretación de una ley o de una determinada parte de un código. La prohibición de analogía (prohibición de extensión de los elementos fácticos del delito) en el derecho penal de la mayoría de los estados modernos es un ejemplo de una norma especial de lagunas. En última instancia debe ser atribuida a una ideología liberal-burgués.

10 En el derecho inglés, la judictura obligatoria ha cristalizado una serie de normas de lagunas y de interpretación.

11 Evidentemente, este principio prescripto para casos de lagunas debe extenderse a la interpretación de la ley- P. TUOR: "Das schweizerische Zivilgesetzbuch", Zürich, 1940, pág.

el juez en caso de lagunas, a falta de derecho consuetudinario, debe decidir de acuerdo con la regla que él dictaría si fuese legislador y en este caso, habrá de seguir la teoría aprobada y la tradición. (Compárese esto con el imperativo categórico de Kant que expresa un valor fundamental del hombre occidental: la objetividad). La máxima de la objetividad —impedimento para la arbitrariedad individual— constituye también el fundamento del artículo 3° de la ley italiana del 12 de diciembre de 1938: ("Disposizioni sull'applicazione delle leggi in generale") "Nell'applicare la legge non si può attribuirle altro senso che quello fatto palese dal propio signi- ficato delle parole secondo la connessione di esse, e dalla intenzione del legislatore. Se una controversia non puo essere decisa con una precisa disposizione di legge, si ha riguardo alle disposizione che regolano casi simili o materie analoghe; se il caso rimane ancora dubbio, si decide secondo i principii generali dell'ordinamento giuridico dello Stato"[12]. Estos ejemplos podrían multiplicarse indefinidamente.

¿Cuál es la efectividad de las normas de interpretación y de lagunas contenidas en la ley? ¿En qué medida pueden influenciar la acción del juez? Aquí es decisiva la posición que estas normas ocupan en la convicción jurídica dominante de la comunidad. Como ejemplo permítase citar aquí el derecho finlandés. La norma de interpretación y de lagunas citada más arriba fue tomada por el Código Sueco del año 1734, de las "Reglas del juez"[13]. Probablemente estas reglas fueron redactadas durante los años 1524-1531 por el reformador sueco Olaus Petri, sobre la base de principios jurídicos suecos, romanos y canónicos[14]. Las ideas directivas de las reglas del juez son: la responsabilidad del juez ante Dios, la gran dignidad ética de su profesión, su deber de imparcialidad incondicionada y de objetividad. Estas venerables reglas del juez ocupan aun hoy, tanto en Suecia como en Finlandia, un sitio de honor en todas las ediciones de leyes[15]. En el juramento que

---

30: "Lo que dice el artículo 1° con respecto a la complementation de la ley, vale también para la interpretación de la ley". Por consiguiente, las normas de interpretación jurídico-positivas son aquí completadas en su propia interpretación por normas de lagunas jurídico-positivas.

12 Hemos citado in extenso las normas italianas de lagunas y de interpretación porque son las más modernas en este campo. Las normas italianas de lagunas de 1865 hablaban de "principios generales del derecho". Para eliminar una interpretación metafísica jusnaturalista de esta norma de lagunas, la nueva ley habla de los "principios generales del orden jurídico-estatal". Motivos del Ministerio italiano de Justicia: "...una modificazione non soltanto di natura formale...".

13 El derecho procesal de este código civil —modernizado en algunos puntos— es derecho vigente en Finlandia.

14 Äke Holmbäck: Vära domarregler (Festskrift tillägnad Axel Hägerström, Uppsala 1928, especialmente, pág. 266). W. Sjögren: "Förarbetena till Sveriges Rikes Lag 1686-1736.

15 Bajo "edición de la ley" se entiende aquí la obra completa en donde están coleccionadas las leyes y ordenanzas más importantes que rigen la vida jurídica ciudadana (también

todo juez finlandés debe prestar se le impone como deber absoluto la objetividad, la escrupulosidad y la imparcialidad[16]. Así pues, el principio de objetividad ocupa una posición central en la convicción jurídica de Finlandia, posición que cuenta con una tradición secular. De esta manera, la efectividad de la norma de interpretación y de lagunas, aumenta considerablemente.

Junto con las normas jurídico-positivas de interpretación y de lagunas, contribuyen a la objetividad de la juris-dicción las directivas desarrolladas por la teoría del derecho para la interpretación de la ley y la decisión en caso de lagunas. Ellas no pueden apoyar su autoridad, como las normas jurídicas, en el aparato de poder del Estado, sino sólo en la veracidad de su fundamentación. La elaboración de estas teorías de interpretación y de lagunas cae, por principio, dentro del campo de la teoría general del derecho.

Aunque en los últimos decenios, en todos los países civilizados se han realizado intensivamente investigaciones teórico-jurídicas para aclarar el problema de 1a interpretación de la ley y de las lagunas del derecho, es necesario estar en guardia contra un engaño miope. Las ideas directivas en este campo no son de ayer, sino que fueron elaboradas por el trabajo secular de muchas generaciones de juristas sobre la base de la antigua tradición jurídica. Cuanto más profundizamos en la historia de la interpretación de la ley y del problema de las lagunas, tanto más claro se nos vuelve este hecho. A menudo es suficiente sólo una modificación en la formulación de conocimientos adquiridos hace tiempo: cada época tiene su "idioma". Los resultados de los antiguos fueron revestidos con vestiduras medievales, a éstos a su vez se los revistió jusnaturalísticamente y la transformación jusnaturalista fue disfrazada finalmente con un lenguaje positivista. En pocos campos como en éste, percibimos de una manera tan fuerte la unidad y continuidad de la cultura jurídica europea. Así por ejemplo, el concepto "ratio legis" —tanto hoy como hace siglos— se encuentra en el punto central de la teoría de la interpretación. Los "brocades" y "adajes" de la teoría tradicional de la interpretación francesa no son otra cosa que la concentración de la experiencia de muchas

---

el derecho penal y procesal). La obra completa se mantiene a menudo al día mediante nuevas ediciones. Las "reglas de los jueces" se encuentran siempre en la primera parte. Algunos de sus principios tienen que ser considerados como derecho consuetudinario válido tanto en Suecia como en Finlandia. Algunos de ellos fueron desde el comienzo sólo expresiones del derecho consuetudinario válido que en parte se había ya formado en la Edad Media.

16 Cfr. Jan Eric Almqvist; "Domareden i historisk belysning (Svensk Juristtidning, 1944, pág. 44 y ss). La línea ininterrumpida, de desarrollo de este juramento puede seguirse hasta la Edad Media. Ver P. Abrahamsson: "Sweriges Bijkes Lands-Lag", Stokholm, 1726, Tingmala Balker, cap. I y II.

generaciones de juristas. Y su contenido conceptual lo encontramos nuevamente en las teorías de interpretación y de lagunas del derecho de cualquier tratado moderno[17]. El problema de las lagunas, en tanto cuestión independiente, ha aparecido sin embargo, en primer plano sólo en los últimos decenios: antiguamente cuando la realidad social era muy estable, no se veía la necesidad de una teoría de las lagunas.

¿Pueden contribuir las teorías de interpretación y de las lagunas del derecho, tal como existen hoy en día, a la objetividad de la jurisdicción? El presupuesto más importante de una respuesta afirmativa reside en la tradición unitaria de la cultura jurídica europea. Ella evita la desintegración de estas teorías en una confusión sin salida de opiniones teóricas contradictorias entre sí. Presumiblemente las oposiciones inconciliables (por ejemplo, entre las teorías subjetivas y objetivas de la interpretación) pueden llegar a una solución de compromiso razonable, sobre la base de esta tradición. Mediante una adecuada educación de los juristas se crean los presupuestos para que los jueces trabajen con el espíritu de la cultura jurídica europea tradicional.

Más arriba se habló de las teorías de interpretación y de las lagunas del derecho en tanto teorías que formulan máximas de acción, normativas y prácticas. En este sentido han sido efectivamente cultivadas durante siglos. Pero ahora, cuando la teoría general del derecho ha adquirido la auto-conciencia de ser una ciencia independiente, estrictamente teórica, surge la siguiente pregunta: ¿puede fundamentarse científicamente una teoría normativa de la interpretación de la Ley y una teoría normativa de las lagunas? La respuesta tiene que ser negativa. La teoría puede verificar hechos, otorgar expresión conceptual a la legalidad que rige en aquéllos, pero nunca prescribir normas de una manera objetivamente fundamentada[18].

---

17 Por ejemplo "Incivile est, nisi tota lege presepeta ...judicare vel respondere" (Dig. I, 3, 28): el principio de analogía. "Qui dieit de uno negat de altero": razonamiento a contrario.

18 Entre la teoría de las fuentes del derecho y de la interpretación existe una estrecha conexión. El investigador danés ALF ROSS cuyas contribuciones a la teoría de las fuentes del derecho son extraordinariamente importantes considera ahora que esta teoría tiene que ser elaborada de una manera puramente descriptiva-psicológica: "Laerebog i Folkeret. Almindelig Del", Köbenhavn 1942. En este estudio ,antes de entrar a considerar las fuentes del derecho internacional, analiza Ross en un capítulo especial "la teoría general de las fuentes del derecho" (pág. 94- 98). "Fuentes del derecho" son aquellos factores generales (componentes de motivos), que son determinantes para el juez en el establecimiento del contenido jurídico concreto en la decisión jurídica" (pág. 96). "La idea de que 'la validez' del derecho puede ser 'deducida' de ciertas fuentes, es metafísica" (pág. 95). Ross ha publicado en danés una parte considerable de sus investigaciones sobre la teoría de las fuentes del derecho. Merecen destacarse especialmente: "Retskilde og Metodelaere i realistisk Belysning (Tidsskrift for rettsvittenskap, 1931), Virkelighed og Gyldighed i Retslaeren (ibidem 1932), Den rene Retslaeren 25 - Aars Jubileun (ibidem 1936), Rettens

Las máximas tradicionales para la interpretación y la decisión de lagunas, que pertenecen en los actuales países civilizados al núcleo de la formación intelectual de un juez, no son elaboradas por la teoría pura, sino por la experiencia de muchas generaciones de juristas. Estas máximas son el resultado de necesidades urgentes de las comunidades jurídicas. En la teoría general del derecho tiene especial interés comprobar que estas necesidades poseen un alto grado de constancia. En cada comunidad que posee una forma de realización jurídica hay que obedecer, en la interpretación de la ley o en la decisión de lagunas del derecho, los principios que corresponden a la esencia del derecho en tanto constante sociológica. Pero no damos a esta, "esencia" del derecho ningún sentido metafísico-religioso. Nuestro punto de partida es la relativamente grande constancia del fenómeno "derecho", bajo las diferentes condiciones de espacio y tiempo. No podemos deducir sin embargo, de estas constantes sociológicas, siguiendo una vía teórica, directivas para la interpretación de la ley y la decisión de lagunas. Pero la teoría general del derecho puede apoyar o criticar, sobre la base de los hechos, aquellas directivas más o menos adecuadas, resultados de las necesidades prácticas de la comunidad jurídica. Su verdadera tarea consiste aquí, en la creación de una teoría puramente teórica de la juris-dicción. Aquí sacará provecho de la psicología moderna, en especial de la psicología social[19]. Paralelamente con el análisis psicológico hay que realizar un análisis idiomático, de acuerdo con el espíritu de la nueva lógica científica (logística). Una combinación de este tipo podría hacer avanzar un gran paso a la teoría de la interpretación y de las lagunas, en el camino hacia la cientificidad estricta.

¿Puede una teoría de la interpretación y de las lagunas, descriptiva y que no formula directiva alguna, contribuir a la objetividad de la juris-dicción? A primera vista parece que la respuesta ha de ser negativa. Observando más de cerca se nota, sin embargo, que una dilucidación puramente teórica, objetiva y científica en el sentido más estricto de la palabra, de aquello que se realiza en la juris-dicción, tiene que actuar necesariamente en forma objetivante. Aquí existe una analogía entre objetividad científica y judicial. No es ninguna casualidad que François Geny en sus profundas investigaciones acerca del problema de la investigación vea un apoyo objetivo para la decisión de lagunas, en "la libre recherche cientifique"[20].

Grundproblemer (ibidem 1940). Hay que señalar también: ALF ROSS: "Toward a realistic Jurisprudence", Copenhagen, 1946, págs. 125-158.

19 ALF ROSS ha señalado muy bien en sus investigaciones teórico-jurídicas, el aspecto psicológico.

20 Por ejemplo, "Méthode d'interprétation et sources en droit privé positif", II, 2° ed., Paris 1919, pág. 407.

Pero la teoría de la interpretación y de las lagunas del derecho de GENY no es una teoría descriptiva. El trata de llegar sobre la base de los "données" (données naturelles, historiques, rationelles, idéales) mediante la investigación, a esquemas de decisión "correctos" que objetivamente tienen que ser aprobados[21]. Sin embargo, nos parece que GENY con su crítica de la teoría tradicional de la interpretación ha preparado el camino para una teoría descriptiva de la interpretación y de las lagunas. Los puntos de partida metafísicos de GENY, sobre los cuales construye él su concepción normativa fundamental, no resisten un análisis crítico. Es sumamente interesante comparar estos puntos de partida con los axiomas de la filosofía católica del derecho[22].

A una teoría de la interpretación y de las lagunas hay que exigirle que abarque también la técnica legal. Construcción e interpretación de ta ley se pertenecen orgánicamente, no se puede comprender a la una sin la otra[23]. Antiguamente, cuando las leyes tenían una relativa estabilidad, no se prestaba mayor atención a la técnica legal. Pero ahora, cuando la maquinaria legislativa trabaja bajo gran presión, hay un interés social en explicar científicamente la técnica legal[24] y en que esta explicación se funde en una síntesis con la teoría de la interpretación. Para el juez actual las leyes ya no son datos divinos y metafísicos situados en las nubes, sino estructuras (figuras, totalidades) creadas por una técnica racional y que sólo pueden ser comprendidas a la luz de esta técnica. El valor de una teoría descriptiva de la interpretación aumenta considerablemente con la intervención de la técnica legal.

---

21 La teoría de GÉNY sobre los "données" como así también las ideas de EUGEN HUBER acerca de los "reales" de la legislación deben ser tenidos muy en cuenta en la elaboración de una teoría general del derecho. El contenido de estos "datos", de estos "reales", es variable. Pero en si mismos son constantes sociológicas. Su clasificación conceptual en GÉNY y no puede ser más afortunada.

22 Por ejemplo, ALICE PIOT: "Droit naturel et réalisme" (Paris 1930, pág. 74 y ss.); LOUIS LE FUR: "Les grands problèmes du Droit" (Paris 1937, especialmente cap. I, IV y V) ; R. P. SERTILLANGES: "La philosophie des lois" (París 1946, cap. II "Loi éternelle et loi naturelle", cap, III, "Les lois humanies"). Como comparación pueden considerarse algunos teóricos del derecho con tendencia teológica protestante. Por ejemplo el jusfilósofo finlandés ROBERT HERMANSON: "Det rätta och dess samband med religiösa sanningar" (Estocolmo 1919).

23 Razonamientos similares en WILHELM SAUER: "Juristische Elementarlehre" (Basel 1944), pág. 75 y ss. Gfr. W. SAUER: "Juristische Methodenlehre" (Stuttgart 1940), pág. 434: "Practicabilidad judicial". La escuela de Kelsen señala con razón que la distinción entre creación del derecho y aplicación del derecho es relativa. KELSEN: "Reine Rechtslehre" (Leipzig und Wien 1934), pág. 82: "La mayoría de los actos jurídicos son al mismo tiempo actos de creación del derecho y actos de ejecución del derecho".

24 Es sintomático el tema de discusión de la tercera reunión de la Asociación de Juristas Finlandeses: "Acerca de la efectivización de la preparación de la ley" (31.5. 1947. Informe del antiguo Jefe de la Cancillería del Ministerio de Justicia, Reino Kuuskoski).

¿No contienen las teorías normativas de la interpretación de los últimos decenios —objetables en principio— un elemento que hace peligrar seriamente la objetividad judicial? Pensamos en la teoría según la cual una decisión contra legem es admisible bajo ciertas circunstancias, y hasta puede llegar a ser impuesta. La respuesta depende de cómo se formulen estos presupuestos. Las teorías extremas del derecho libre, acerca del "reino del juez" no merecen ser tenidas en cuenta seriamente[25]. Pero cuando estos presupuestos son formulados con suficiente cuidado, por ejemplo, cuando se dice que el juez debe dejarse dirigir en la in- la totalidad establece qué es lo que debe ser consideración de la totalidad, es decir, que interpreta cada norma individual como elemento de un todo jurídico, entonces se presenta el problema del "judicare contra legem" como un pseudoproblema. La interpretación basada en la consideración de la totalidad verifica qué es lo que debe ser considerado como contenido objetivo de la ley. Cuando el juez desecha un plan de decisión, a primera vista aceptable, apoyado quizás en una disposición ilegal aislada, porque este plan se presenta como incorrecto a la luz de la consideración del todo legal, no decide él contra legem, sino secundum legem. En realidad aquí se presenta el conocido problema de la interpretación restrictiva. Sólo que ahora, en las teorías modernas de la interpretación, es formulado de una manera más realista y clara.

Una construcción de normas; jurídico-positivas de interpretación y de las lagunas del derecho, sobre la base de los resultados más importantes logrados por la teoría de los últimos decenios contribuirá a la efectividad de estas normas. Aquí no caben ni una exagerada precaución ni un laconismo demasiado severo. La teoría de la interpretación de la ley y del examen de las lagunas puede señalar aun una serie de resultados con respecto a los cuales ya no existe ninguna diferencia de opinión importante. Pero la dificultad reside en la formulación legal de estos resultados y en el hecho de que podrían ser superadas por la investigación jurídico-teórica en continua actividad. Sin embargo,

25 Desde el punto de vista de la historia de la cultura, el movimiento del derecho libre puede ser vinculado con las fuertes corrientes irracionales a las que estuvo librada la vida espiritual europea en el último siglo. La remisión del pensamiento jurídico o valoraciones que en el fondo son irracionales, el destacamiento de la personalidad del juez, la lucha contra la "jurisprudencia de conceptos" racional, la aceptación de las "normas en blanco" —todo esto hace referencia a tales corrientes. Pero por otra parte, no se puede negar que el movimiento del derecho libre a través de su crítica ha estimulado la teoría de una interpretación racional, ametafísica. Los terribles acontecimientos históricos de los últimos decenios han demostrado que la imagen del hombre como animal irracional es más correcta que la versión racional idealizada, del hombre. Todo parece indi car que en un futuro próximo esta amarga prueba será aún reforzada. Como factor decisivo en la aparición del movimiento del derecho libre cabe señalar las modificaciones en la estructura económica de los países occidentales. Las fórmulas jurídicas tradicionales demostraron ser insuficientes.

las experiencias obtenidas en Finlandia y Suecia sobre la base de las antiguas reglas del juez parecen enseñar que estas modificaciones no tienen gran importancia cuando las disposiciones de interpretación y de las lagunas son formuladas con visión de futuro. Quizás estemos aquí frente a principios del pensamiento jurídico relativamente constantes. Pero si los órdenes jurídicos positivos —tal como sucede en la actualidad— no contienen normas de interpretación y de lagunas o las formulan de una manera excesivamente breve, nunca se insistirá suficientemente en el valor central de la objetividad para toda la cultura jurídica y en especial para la juris-dicción.

LA CIENCIA DEL DERECHO

En este capítulo se investigará la importancia de la ciencia del derecho como factor objetivante de la juris-dicción. Bajo "ciencia del derecho" se entiende aquella actividad que actualmente se realiza en los países civilizados bajo el nombre "jurisprudencia", "dogmática jurídica", "ciencia del derecho". En lugar de una definición, daremos algunas características.

La ciencia del derecho es interpretación de la ley realizada en forma sistemática. La interpretación de ,1a ley se realiza en diversas situaciones: los ciudadanos en su vida diaria, el abogado en su trabajo, los funcionarios administrativos en el ejercicio de su función, el juez en la juris-dicción. En estos casos típicos citados como ejemplos, el que interpreta la ley se encuentra como actor en medio de una situación vital concreta que exige una toma de posición. Tal no es el caso del investigador del derecho[1]. Su interpretación de la ley se refiere, la mayoría de las veces, a situaciones vitales imaginadas. No está como el juez en medio de la corriente de conflictos jurídicos concretos: construye para sí conflictos jurídicos en su mesa de trabajo. También cuando trabaja sobre casos jurídicos que han sucedido realmente[2], estos son sólo esquemas abstractos ulteriores de situaciones vitales que alguna vez fueron concretas[3].

La interpretación de la ley, realizada por el investigador del derecho, sirve para asegurar el funcionamiento perfecto de la maquinaria jurídica, es decir —si prescindimos provisoriamente de la comunidad jurídica internacional— sirve al funcionamiento de la maquinaria del Estado. Aunque la ideología política y la visión del mundo dominante en la comunidad estatal ejerce necesariamente su influencia en el investigador del derecho (efectos psíquicos de la causalidad), la

---

1 La persona que cultiva la ciencia del derecho (dogmática jurídica) en el sentido arriba mencionado, es llamada en este capítulo, "investigador del derecho".

2 El análisis sistemático de los precedentes judiciales ocupa en la ciencia jurídica moderna un, lugar cada vez más importante: el abismo entre los órdenes jurídicos continentales y anglo-americano, es más reducido en este punto.

3 Lo que sucede evidentemente es que también un juez cuando asume alguna actitud en el fallo frente a la situación vital concreta que tiene ante sí, en última instancia la considera a través de esquemas (OSVI LAHTINEN). Pero la situación de partida es totalmente diferente.

independencia fundamental del investigador del derecho ha sido reconocida por el poder estatal en todos los países civilizados.

Una considerable parte del trabajo del investigador del derecho consiste en la presentación didáctica del contenido de las normas jurídicas válidas en su comunidad jurídica. El trabajo de investigación está vinculado, la mayoría de las veces, con la actividad docente. En la comunidad jurídica moderna en donde a menudo la legislación —especialmente en leyes fundamentales importantes— se apoya en un trabajo científico y sistemático previo, no puede trazarse un límite muy estricto entre la teoría y la praxis. El pensamiento jurídico del legislador, del funcionario con formación jurídica, del abogado con formación jurídica, presenta una analogía con la forma de pensar del investigador del derecho. Este proceso de acercamiento puede ser vinculado con una creciente racionalización de la comunidad cultural moderna. La posición científica adquiere en esta comunidad, en todos los campos, una importancia cada vez mayor.

¿Es la "ciencia del derecho" una ciencia? ¿Es el trabajo del "investigador del derecho", investigación en el sentido estricto de la palabra? Este trabajo consiste en la interpretación de la ley y sirve para objetivos prácticos. Si la palabra "ciencia" es usada en el sentido de que sólo comprende una actividad puramente teórica, una presentación sistemática-conceptual de la estructura de un campo del saber, hay que negar el carácter de ciencia a la "ciencia del derecho", a la "dogmática jurídica", a la "jurisprudencia". La forma de trabajo del investigador del derecho muestra, sin embargo, muchas características que parecen no excluir la aplicación de la palabra "ciencia", tomada en un sentido menos estricto. Los investigadores del derecho procuran un tratamiento sistemático de su objeto y buscan fundamentar objetivamente sus juicios. Se sirven para esto de una forma de pensar que hace recordar, en cierta medida, el pensamiento de las ciencias estrictamente teóricas. Si se considera además que la investigación del derecho en los países modernos se realiza dentro del marco exterior de las universidades (facultades de derecho o de las ciencias del derecho), se puede quizás colocar la investigación del derecho —en el sentido que se acaba de indicar— bajo el concepto un poco dudoso de "ciencia práctica". Pero es discutible la cuestión de saber si este concepto contiene o no una contradicción interna. La verdadera ciencia es teoría pura y no debe ser confundida por la praxis[4]. Uno de los éxitos permanentes del genial espíritu griego fue el trazado de estos límites. La jurisprudencia romana, de la que surgiera orgánicamente

4 Cuando se habla de la medicina o de la pedagogía como "ciencias prácticas", estas afirmaciones parecen estar fundadas en una confusión. En realidad, ambas son sólo técnicas en las que se reúnen elementos obtenidos de diferentes campos de la investigación teórica.

la actual dogmática del derecho, no era precisamente teoría alguna en el sentido griego. Ella era una teoría artística vertida hacia lo práctico —por supuesto sumamente interesante desde el punto de vista de la retórica del pensamiento jurídico (esquematización amplia).

Pero si, a pesar de todo esto, designamos a la jurisprudencia moderna con el nombre de "ciencia del derecho", esto sucede por dos razones. En primer lugar, seguimos un uso idiomático tradicional. En segundo lugar, si se reconoce carácter científico a la interpretación de la ley realizada sistemáticamente en forma similar a la científica, se puede también exigir de esta interpretación de la ley que en su trabajo proceda de la manera más objetiva posible y similar a la ciencia. Se puede pedir una consideración del derecho racional, antimetafísica, y un abandono de las formas de pensamiento escolásticas —superadas desde hace tiempo— y de los problemas aparentes. Esto sería de utilidad para la cultura jurídica[5].

Los órdenes jurídicos positivos asumen con respecto a la jurisprudencia, diversas actitudes. La mayoría de las veces es mencionada en aquellas normas jurídicas que exigen una formación jurídica superior, como presupuesto para el nombramiento en determinadas categorías de la burocracia. Én el derecho suizo, la "doctrina" es mencionada en las normas de interpretación. En la Ordenanza de Trabajo del Tribunal Supremo de Finlandia, aprobada el 17 de marzo de 1931, se exige en el artículo 6 que los funcionarios en sus informes escritos "en caso necesario indiquen la literatura y la judicatura". Una disposición similar contiene la ordenanza de trabajo de la Corte Suprema de Justicia Administrativa de Finlandia. También cuando no se la menciona en las normas del derecho positivo (ley, ordenanzas de los tribunales), la jurisprudencia ejerce su influencia en la juris-dicción. Así especialmente en las instancias superiores en

5 En nuestro análisis acerca de la posición fundamental de la jurisprudencia, de la dogmática jurídica, de la ciencia del derecho, o como quiera llamársela, hemos partido —tal como se dijo al comienzo— de aquellos tipos de investigación jurídica que son, de hecho, los que se realizan en los países civilizados modernos. Pero también se ha intentado colocar la elaboración del derecho positivo sobre una nueva base estrictamente científica, liberándola de la interpretación de la ley eminentemente práctica e inmediata de la maquinaria jurídica. Así especialmente los Estados Unidos, K. N. LLEWELLYN : "The normative, the legal and law-jobs: the problem of juristic method" (The Yale Law Journal, vol. 49, 1940, págs. 1356-1400), POUL MIKAEL SACHS: "Retsvidenskapens" Stilling i U-S.A. (Tidsskrift for rettsvitenskap, Oslo 1938, págs. 432 y ss.), VILHELM AUBERT: "O rettsvitenskapens loviske grunnlag" (ibidem, 1943); una excelente explicación de los fundamentos lógicos de la ciencia del derecho según el espíritu de la logística. En contra de AUBERT: EDVARD LÖCHEN: "Om retssvitenskap", ibidem 1944, págs. 3 y ss. : defensa del punto de vista tradicional. Estos intentos son metódicamente interesantes pero no pueden ser considerados en detalle en este libro. Una investigación estrictamente científica del derecho positivo haría indispensable la interpretación de la ley sistemática, ya aceptada desde hace siglos.

donde una atmósfera de trabajo en cierto modo tranquila estimula el respeto por la jurisprudencia. En los tribunales de justicia finlandeses (según la instancia), la jurisprudencia es respetada en gran medida, aun cuando sus ordenanzas de trabajo no la mencionen. Los tribunales superiores poseen la mayoría de las veces (en Finlandia siempre), bibliotecas jurídicas con literatura nacional y extranjera. La posición cada vez más importante que la ciencia del derecho tiene en la práctica del derecho, es un resultado de la tendencia general de racionalización de los Estados modernos, mencionada anteriormente.

La posición del juez con respecto a la jurisprudencia es variada. Hay jueces que no solamente reconocen la importancia de la jurisprudencia sino que además actúan con éxito como teóricos[6]. Después de largos años de experiencia en la asociación "Juridiska Föreningen i Finland" (Asociación de Juristas Finlandeses de Idioma Sueco) hemos podido comprobar que entre los numerosos jueces de los tribunales superiores y del tribunal del ayuntamiento de Helsinki, representados en esta asociación, existe un gran interés por las cuestiones científico-jurídicas. Estos jueces actúan a menudo como peritos en cuestiones científico-jurídicas. Pero una postura positiva del juez con respecto a la jurisprudencia no significa que tenga que referirse a ella innecesariamente. Cualquiera que haya trabajado como funcionario en el campo de la juris-dicción y de la administración sabe por propia experiencia que la jurisprudencia puede llegar a ser una simple carga para la solución de los asuntos comunes que diariamente se producen. La ciencia del derecho es sólo invocada por el jurista práctico en cuestiones difíciles y queda librado a su criterio la delimitación de las mismas[7]. En el estado actual, la formación y la instrucción ulterior de los juristas está basada en fundamentos jurídico-científico (estudios universitarios, revistas especializadas, asociaciones jurídicas). La ciencia del derecho significa de esta manera para el juez no un apoyo exterior sino que se ha transformado en una parte orgánica de su forma de pensar, de toda su personalidad. Sobre la base de esta instrucción científico-jurídica puede decidir independientemente la gran mayoría de los casos sin necesidad de consultar un libro de la ciencia del derecho. El trabajo puramente práctico debe ser realizado tan rápidamente que no queda tiempo para consultas científico-jurídicas.

Pero en ningún caso tiene el juez tiempo para realizar un examen científico independiente del caso a decidir y la mayoría de las veces carece también de la capacidad para hacerlo. Puede sólo

6 Así por ejemplo, el importante investigador finlandés en el campo de la teoría general del derecho, BROR CLAS CARLSON, es juez desde hace decenios (ahora en la Corte Suprema).

7 Las diferencias en este caso están condicionadas por la psicología de la personalidad.

realizar una valoración crítica de los resultados de la investigación científico-jurídica ya existente[8]. Cuando no se tiene capacidad de juicio crítico, puede la ciencia del derecho ejercer una influencia desfavorable sobre la juris-dicción. Un juez sin sentido crítico se verá rápidamente envuelto en la red de ideas de la jurisprudencia, aplicará mecánicamente los lugares comunes abstractos de la ciencia del derecho a los matices infinitamente finos de la vida concreta. Aquí reside también una de las razones de la actividad negativa de algunos jueces con respecto a la jurisprudencia. Pero si se toma a la jurisdicción del Estado como un todo, la utilización amplia y crítica de los resultados de la jurisprudencia por parte del juez es más conveniente que la indiferencia o la temerosa negación.

El valor de los resultados de la investigación jurídico-científica para la juris-dicción depende de varios factores. Como el objeto de la investigación jurídico-científica, el derecho positivo, está sometido a continuos cambios, sucede a menudo que los resultados de la investigación se vuelven anticuados. A menudo, las leyes son modificadas precisamente en aquellos puntos que debido a su falta de claridad o a la presencia de lagunas habían dado motivo a la jurisprudencia para análisis profundos. Pero si se prescinde de las reformas legales y del derecho consuetudinario derogante, puede también el transcurso del tiempo fortalecer la autoridad de los resultados jurídico-científicos de la investigación: ellos pueden llegar a ser "doctrinas". Una teoría jurídico-científica, en el fondo, puede sólo afirmarse mediante su consistencia interna. Pero ésta presupone un método de investigación correcto.

Desde un punto de vista estricto, en una llamada "ciencia práctica" tal como la jurisprudencia, no puede hablarse de un método "correcto" sino de un método fecundo. El criterio de valoración para determinar la fecundidad es el objetivo final de la ciencia respectiva. Objetivo total de la jurisprudencia es una interpretación sistemática y fundada del derecho positivo, que posibilite el funcionamiento perfecto de la maquinaria jurídica. Una interpretación fundada presupone que las finalidades sociales se encuentran en la base de las normas jurídicas, han sido claramente dilucidadas. Las normas jurídicas no son nunca fines en sí mismas sino siempre medios. La ciencia del derecho tiene que ser por esta razón, desde todo punto

8 El Código Civil Suizo habla de "teoría". Bien en el texto francés: " ...le juge s'inspire de la doctrine...". Cfr. PIERRE LUCIEN - BRUN: "Le role et les pouvoirs du juge dans le code civile suisse" (Grenoble, 1920), pág. 28. ALFRED MARTIN: "Observations sur les pouvoir attribuées au juge par let code civil suisse" (Genève, 1909), pág. 23. MAX GMÜR: „Die Anwendung des Rechts nach Art. I des Schweizerischen Zivilgesetzbuches" (Bern, 1908). HANS REICHEL: "ZUden Einleitungsartikeln des Schweizerischen Zivilgesetzbuches" (Festgabe für Rudolf Stammler, Berlín 1926, pág. 345).

de vista, una ciencia social. La tarea de la ciencia jurídica tradicional es la elaboración y sistematización del contenido conceptual de las normas jurídicas. Pero esta misión puede ser sólo realizada sobre la base de una consideración social de los fines. Sólo este método es fecundo ("correcto") en la jurisprudencia, en la ciencia del derecho. Solo una jurisprudencia de este tipo puede ofrecer a la juris-dicción una máxima garantía de objetividad[9].

La posición científica o pseudo-científica está caracterizada por la máxima de la objetividad: todas las proposiciones de la jurisprudencia deben ser puramente objetivas, es decir deben estar fundamentadas de tal manera que los fundamentos tienen que ser reconocidos en principio por cualquier sujeto. Cuando en la fundamentación intervienen elementos subjetivos individuales, la proporción respectiva no está científicamente garantizada.

Por consiguiente, existe una analogía entre la actitud del investigador y la del juez: la máxima de objetividad tiene en ambos casos gran importancia.

Tal como ya se destacó, el sistema de derecho positivo no está dado de antemano a la jurisprudencia, no está "presentado", sino que se procura llegar a él mediante un trabajo dirigido a fines. También en las actuales comunidades jurídicas, en donde las leyes a veces son elaboradas sistemáticamente por el legislador, el sistema jurídico científico es, en principio, una creación independiente de la investigación, por más que este sistema coincida en su contenido con muchos de los fragmentos del sistema dado de antemano a la ley. En el uso idiomático jurídico a menudo no se distingue suficientemente entre "orden jurídico" y "sistema jurídico": se habla sin pensar mayormente, de sistema jurídico, cuando se quiere indicar orden jurídico. Pero el sistema pertenece al ámbito de la teoría, el orden —en este caso el orden jurídico— al ámbito de la praxis. La continua confusión es provocada a menudo por la naturaleza práctica de la jurisprudencia.

---

9 Toda ciencia del derecho es jurisprudencia de conceptos. Pero la jurisprudencia de conceptos en sentido estricto, pandectológico, aflojó demasiado el vínculo entre el contenido de pensamiento de las normas jurídicas y su base de finalidad social. Este vínculo no se cortó nunca totalmente. La pandectología puede ser considerada como un intento de utilizar las importantes sugestiones de la cultura jurídica romana en la forma modificada de la comunidad jurídica moderna. Se puede explicar psicológicamente la posición de la jurisprudencia de conceptos en función del deseo de investigación que trataba de verificar un sistema de pensamiento cerrado en sí mismo. Este intento tenía que fracasar porque la jurisprudencia no es ciencia en el sentido estricto, y porque por esta razón su sistema tiene que permanecer siempre "abierto" —por más desagradable que esto pueda ser para el investigador. El objeto de la jurisprudencia se encuentra en permanente flujo (Kirchmann).

¿Tiene la ciencia del derecho comparado alguna importancia en tanto garantía de objetividad de la juris-dicción?

La ciencia del derecho comparado es, sin duda, una auténtica ciencia. Pero como teoría independiente es joven aun y se presenta con diferentes modalidades metódicas. En la juris-dicción no tiene una influencia directamente objetivante, pero sí indirecta. Los fragmentos de comparación contenidos en la ciencia del derecho pueden contribuir esencialmente a una interpretación objetiva de disposiciones jurídico-positivas y, de esta manera, influenciar mediatamente en sentido objetivante, la juris-dicción. Cuando la estructura de valor social de la comunidad jurídica utilizada para la comparación y la estructura valorativa de aquella comunidad jurídica a la que pertenece el juez, son similares entre sí, aumenta la importancia de la comparación jurídica. Esta situación existe, por ejemplo, en los Estados escandinavos (Finlandia, Suecia, Dinamarca y Noruega). A menudo un trabajo científico jurídico aparecido en uno de estos Estados puede ser tomado en cuenta, con pequeñas reservas, por lo demás en la juris-dicción. La legislación de estos cuatro países ha estimulado conscientemente desde hace decenios una semejanza jurídica (en gran parte en lo que se refiere al derecho de obligaciones y familia).

Una comparación superficial del derecho no puede contribuir a la objetivación de la juris-dicción. Sin entrar en la estructura valorativa social de la que las normas jurídicas pueden ser consideradas como su consecuencia, evidentemente una consideración comparativa puede llegar a resultados acerca de la estructura puramente formal de los diferentes órdenes jurídicos. Pero para la interpretación de la ley y para la juris-dicción una comparación de este tipo no tiene ningún valor práctico. Más bien es —no obstante los grandes intereses puramente teóricos— peligrosa para el juez, cuando éste no ve claramente sus presupuestos y limitaciones [10].

---

10 La importancia objetivamente de la historia del derecho no será tratada aquí. Su importancia en este respecto puede ser notable, especialmente en los estados y en los ámbitos jurídicos en donde se ha llevado a cabo un desarrollo permanente sin cambios violentos. La historia del derecho es historia: su método se diferencia claramente del de la jurisprudencia y de la teoría general del derecho. Pero en la praxis, los límites entre la historia del derecho y la jurisprudencia son menos precisos: análisis auxiliares tanto de la historia del derecho como de la historia de los dogmas aparecen regularmente en las investigaciones científico-jurídicas. El efecto objetivante de la historia del derecho en la juris-dicción pasa por lo tanto, a través de la jurisprudencia. La ciencia comparada del derecho puede ser concebida como una historia universal del derecho.

PRECEDENTES JUDICIALES

Cuando se investiga la objetividad de la jurisdicción, es conveniente considerar a esta última dentro de una comunidad, durante un largo tiempo y como un todo. Este todo abarca la actividad continuada de varios órganos encargados de la juris-dicción, coordinados y subordinados entre sí. Una juris-dicción concebida en este sentido es llamada "unitaria" cuando en ella se puede demostrar una tendencia a pronunciar siempre en casos similares, fallos similares. El concepto "similar" será analizado más adelante en este capítulo. El concepto "tendencia" ha sido aquí elegido expresamente debido a su indeterminación; sería difícil lograr una determinación mayor del grado de unidad.

Mediante la juris-dicción unitaria se estimula la seguridad jurídica "formal": la unidad de la juris-dicción es una condición de la seguridad jurídica. Esta unidad significa una acentuación de la tendencia de racionalización y de esquematización que se encuentra en la base de todos los derechos y, de esta manera, una debilitación de la arbitrariedad subjetiva del juez, una objetivización de la juris-dicción.

Una juris-dicción unitaria está edificada sobre precedentes. Bajo precedente judicial (Präjudiz) entendemos en esta investigación un fallo pronunciado en un caso concreto que sirve, en un caso similar posterior, de fundamento, de modelo, para un fallo similar. Entre estos fallos existe entonces una relación de precedente judicial.

Teóricamente es concebible que pueda existir una juris-dicción unitaria que no se apoya en precedentes judiciales. En cierta medida esto es lo que realmente sucede: la juris-dicción unitaria se logra, cuando no se trata de casos en donde hay lagunas o que requieren una interpretación complicada, mediante una esquematización racional basada en normas jurídicas abstractas. Y como tales casos constituyen la gran mayoría de la juris-dicción, se podría afirmar, en cierto sentido, que la juris-dicción es siempre unitaria. Pero normalmente el concepto de "juris-dicción unitaria" no es concebido de esta manera. En el verdadero sentido de la palabra existe una juris-dicción unitaria cuando también en los casos de lagunas y de difícil interpretación —que en principio tiene especial importancia— puede verificarse una clara tendencia a fallos unitarios. Pero esto presupone que la juris-dicción del derecho se sirve, en gran medida, de una técnica de precedentes judiciales.

La importancia de los precedentes judiciales no está limitada al campo de la juris-dicción. En la administración pueden tener una especial importancia, porque en la jerarquía administrativa los órganos superiores transforman sus decisiones en normas generales que obligan a los órganos inferiores. Un precedente judicial presupone, por lo general, dos órganos —en la juris-dicción por lo menos dos tribunales— entre los que existe la relación de subordinación o de equiparación. El precedente judicial puede proceder de un tribunal superior, del mismo grado, pero también de un tribunal inferior. La mayoría de las veces, cuando se habla de precedente judicial, se piensa sólo en la primera de estas posibilidades. Pero en los fallos pronunciados por tribunales de igual grado o inferiores tienen también importancia: a menudo los tribunales de primera instancia están en contacto más inmediato con la realidad social que los tribunales superiores. Sin una cierta unificación de la juris-dicción de los tribunales de igual grado se puede llegar a una grave fragmentación territorial de la juris-dicción.

La relación de antecedentes judiciales puede también existir dentro del ámbito de actividad de un sólo órgano: así por ejemplo, la instancia suprema no puede apartarse sin razones poderosas de sus propias decisiones plenarias anteriores. Pero el respeto a la juris-dicción por parte de los ciudadanos exige que los tribunales de primera y segunda instancia sigan un curso unitario en sus fallos: la convicción jurídica dominante ejerce aquí presión sobre la maquinaria judicial.

En los órdenes jurídicos que no pertenecen al ámbito de la ideología jurídica anglo-americana, los precedentes judiciales no tienen ninguna significación normativo-obligatoria sino sólo fáctico-causal. Por el contrario, en el derecho anglo-americano tienen ambas significaciones. Teóricamente es interesante el hecho de que los precedentes judiciales, aunque se les niegue la vinculación normativa de la ideología jurídica continental, tienen a menudo en la realidad, un efecto tan grande como en el derecho anglo-americano. El carácter deductivo de la ideología jurídica continental, que no puede explicarse históricamente sin una influencia estatal absoluta[1], no ha podido quebrar aquí el poder elemental de los hechos sociales. Desde el punto de vista de la tendencia de racionalización esencial al derecho, la ideología jurídica continental debe ser considerada con respecto a la anglo-americana, como un estadio superior. Por otra parte, el derecho americano se ha ido apartando cada vez más de la concepción inglesa originaria: la vinculación normativa de los precedentes judiciales se ha vuelto menos rígida y estricta. Históricamente, la técnica inglesa de los precedentes

1 Bien en H. Drost: "Das Ermessen des Strafrichters", Berlín 1930, pág. 1 y ss.

judiciales puede ser referida a un estadio en donde no existía la legislación en el sentido moderno, y el derecho cristalizaba lentamente a través de decisiones de casos. Una técnica de este tipo constituía también el fundamento de las leyes medievales suecas que eran, sobre todo, anotaciones de la tradición oral del derecho y de los tribunales. A pesar de la gran importancia de la legislación deductivo-racional, la elaboración del derecho en los órdenes jurídicos continentales se realiza aun hoy en gran medida mediante el derecho consuetudinario que se condensa insensiblemente para pasar a última hora, el derecho legal. Todos los intentos de eliminar el derecho consuetudinario como fuente del derecho están condenados ab initio al fracaso[2]. En el origen del derecho consuetudinario, la praxis tribunalicia que se apoya en la técnica de los precedentes judiciales juega un papel fundamental. Aquí aparece muy claramente la naturaleza objetivante que procura apartarse de lo meramente subjetivo de una jurisdicción unitaria.

Durante los últimos decenios se ha podido verificar en varias comunidades jurídicas continentales una creciente importancia de los precedentes judiciales. Esto es especialmente claro en los países nórdicos y en Francia. Esto no quiere decir que se abandonen los fundamentos de la ideología jurídica continental para aceptar una técnica de precedentes judiciales normativos en el sentido inglés[3]. Este desarrollo significa únicamente que el efecto fáctico de los fallos fundamentalmente importantes de la instancia superior, ha aumentado considerablemente. En otros fallos no es posible verificar un aumento del efecto de los precedentes judiciales. "Fallos que sientan jurisprudencia" (Prinzipurteile) son aquellos que no son deducibles de una manera inequívoca de normas legales abstractas o del derecho consuetudinario, sino que se realizan sobre la base de una interpretación o de un examen de lagunas más o menos difícil e inseguro. A menudo su importancia como fallos que sientan jurisprudencia está destacada exteriormente por la instancia superior, por ejemplo por reuniones plenarias o por una técnica de publicación de sus peculiaridades[4].

¿En qué se funda la importancia de estos fallos en los Estados de ideología jurídica continental? Sobre todo en la necesidad de seguridad jurídica formal. En contra de la utilización de los fallos que

---

2 Esto es también reconocido por el normativista KELSEN: "General Theory of Law and State", 1945, pág. 126.

3 Esta ideología se nota menos en el derecho de Suecia y de Finlandia que en el de otros estados europeos.

4 En Finlandia, los fallos que sientan jurisprudencia de la Corte Suprema y de la Corte Administrativa Suprema son publicados en la colección de fallos editados por estos tribunales, bajo el título especial como "informes" detallados. Por el contrario, otros fallos son reproducidos sólo como breves "comunicaciones".

sientan jurisprudencia como precedente judicial, no es posible invocar la teoría de la división de poderes porque en tales situaciones la legislación precisamente no garantiza ningún fundamento inequívoco para la decisión. Pero también aquí hay que crear las bases para una juris-dicción unitaria y esto puede lograrse únicamente mediante una técnica de precedentes judiciales. La importancia fáctica de estos fallos se basa también en el hecho de que aquí, como se acaba de ver, estamos frente a una antiquísima corriente de la creación del derecho, que aun hoy sigue corriendo. Esta corriente debe ser concebida como una constante sociológica. Su flujo no puede ser impedido, en realidad, mediante ideologías jurídicas temporalmente condicionadas.

La importancia de los fallos que sientan jurisprudencia se deduce de muchas normas del orden jurídico continental. Así por ejemplo, el derecho finlandés conoce la dispensa del precedente judicial: en casos en donde la instancia suprema no debería ser invocada puede, sin embargo, recurrirse a ella cuando pueda tener una importancia de principio sobre el caso a decidir[5]. En las ordenanzas de trabajo de los tribunales superiores o de las otras fuentes jurídicas suelen incluirse normas sobre sesiones plenarias: estas normas presuponen la importancia de los fallos que sientan jurisprudencia como precedentes judiciales. En un proyecto elaborado por el Ministerio de Justicia finlandés, en 1947, acerca de la composición y forma de trabajo de las Cortes de Justicia (segunda instancia) se establece que el presidente de la Corte de Justicia tiene que cuidar especialmente la unidad de la aplicación de los principios jurídicos en la interpretación de la ley. De acuerdo con la Ordenanza de Trabajo del Tribunal Supremo finlandés (artículo 16), los funcionarios están obligados en sus informes a proporcionar la jurisprudencia suficiente. El Canciller de Justicia finlandés estableció en 1943 que no tiene competencia para interpretar leyes de una manera obligatoria para los tribunales y que "cuando se desea una directiva para ser aplicada en la juris-dicción, debe recurrirse, en general, a un precedente judicial"[6].

No es siempre fácil separar la efectividad fáctica de los fallos que sientan jurisprudencia de la obligación normativa. Con el aumento

---

5 "Gesetzesnovelle", 19.12.1922 (Ley procesal 3: 6): "Cuando una de las partes considere que con respecto a la aplicación de la ley a otros casos similares sería importante que una decisión del tribunal para la que no está autorizada la interposición de recurso sea llevada ante el Tribunal Supremo, puede solicitar de éste la autorización para la interposición de un recurso. El derecho sueco aceptaba, antes de la nueva Ley procesal de 1942 (en vigencia desde el 1.1.1948), este mismo punto de vista. Ahora sin embargo, la interposición de recursos ante el Tribunal Supremo —con algunas excepciones— depende siempre de una autorización especial de este tribunal (dispensa de modificación). Cfr. Per Olof Ekelöf: "Kompendium over den nya rättegängsbalken", 2a ed., Uppsala, 1945, pág. 177, 180.

6 Informe anual del Canciller de Justicia, año 1943, pág. 41-42.

de la efectividad fáctica estos fallos adquieren poco a poco carácter normativo. Pero si se formula la pregunta: ¿están los órganos qué ejercen la juris-dicción obligados, desde el punto de vista jurídico-positivo, a conocer el fallo que sienta jurisprudencia pronunciado por la instancia suprema y en segundo lugar, a tener en cuenta estos fallos en sus decisiones?. la respuesta sería dudosa en la mayoría de los órdenes jurídicos continentales. Debido a la importancia fáctica cada vez más grande de este tipo de fallos —importancia que se presenta en muchos casos bajo la forma jurídico-positiva— podría suceder que se aceptase de una manera muy "elástica" este deber de los órganos de jurisdicción. Pero cuando faltan aquí sanciones en contra de miembros de los tribunales encargados de la juris-dicción, no es posible determinar la existencia de un deber de este tipo[7]. Así, por ejemplo, en el derecho finlandés y sueco, es imposible iniciar una demanda penal contra un juez que no ha conocido o tenido en cuenta un fallo que sienta jurisprudencia de la instancia suprema, por más importante que aquél haya sido. Podría aquí invocar su juramento de juez en virtud del cual, debe juzgar según su "leal entender y conciencia" de acuerdo con las leyes y las ordenanzas legales. En el derecho finlandés y sueco vale sin más el principio fundamental de que en la juris-dicción la última palabra corresponde a la conciencia del juez. Una vinculación normativa a los fallos que sientan jurisprudencia es incompatible con este principio. También parece que el principio de la independencia de la juris-dicción —expresamente incluido en algunas constituciones continentales— está mejor protejido cuando esta independencia existe también dentro de la organización de los tribunales.

Cuando se afirma que los jueces, en interés de una juris-dicción unitaria están obligados a conocer los fallos que sientan jurisprudencia de la instancia suprema, pero que deben obedecerlos críticamente, esto significa, en realidad, una negación de la vinculación normativa a estos fallos. Una simple obligación de conocimiento del juez sería algo verdaderamente extraño que no estaría sujeto a ninguna sanción. Pero

---

7 Podría parecer conveniente vincular el concepto de deber jurídico al presupuesto de la amenaza de una sanción jurídica. Una sanción sería "jurídica" cuando es impuesta y ejecutada por los órganos de la comunidad. Sin embargo hay sanciones que tienen que ser consideradas como jurídicas, pero que no son ni impuestas ni ejecutadas por los órganos de la comunidad. Tales casos deben ser considerados desde luego como excepciones y tienen su origen en arcaísmos históricos del derecho (por ejemplo, la aparición de amenazas de sanciones por el derecho consuetudinario, la ejecución de sanciones por cuenta propia). Pero no pueden ser ignorados. Por esa razón, no sería conveniente vincular el concepto de deber jurídico al concepto de sanción jurídica. Pero, ¿cuáles son los criterios de un deber jurídico existente? El que detrás de la sanción amenazada y ejecutada se encuentra la comunidad organizada. ¿Cuándo sucede esto? ¿Cómo puede comprobarse este caso? La circunstancia de que aquí no existan características exactas, es significativa e indica que el derecho, la moral y la costumbre están aun hoy estrechamente vinculadas entre sí.

puede afirmarse que en un Estado civilizado un buen juez conoce los fallos que sientan jurisprudencia de la instancia suprema y los tiene en cuenta en gran medida en su jurisdicción. Pero cuando un juez es calificado como bueno, el criterio valorativo no es un criterio jurídico sino ético, que se refiere al bienestar general.

Pasamos ahora a algunos factores que deben tener los fallos que sientan jurisprudencia. ¿Qué condiciones deben ser llenadas para que este tipo de fallo pueda ser llamado precedente valioso? Se puede distinguir aquí: 1°) origen, 2°) fundamentación y 3°) publicación de los fallos que sientan jurisprudencia.

Para el valor de estos fallos tiene gran importancia la personalidad de los jueces que en él intervienen. En las comunidades jurídicas continentales la personalidad de los jueces queda detrás del fallo anónimo. Pero es significativo que también en los fallos que sientan jurisprudencia del derecho continental se proceda a menudo de tal manera que no sólo se indican los nombres de los jueces participantes, sino también sus puntos de vista en las eventuales votaciones[8]. Puede preguntarse si no se debilita la autoridad de un fallo que sienta jurisprudencia en los informes en donde se presentan opiniones en contra. Si el informe se dirigiese a no profesionales, esto sería evidente. Pero los informes sobre estos fallos son utilizados por juristas, jueces experimentados en la jurisdicción, que no tienen ilusión alguna de unanimidad. El valor de este tipo de fallo no queda disminuido ante ellos, porque su realización haya sido presentada verazmente. Evidentemente, un fallo por unanimidad tiene una autoridad mayor que aquél en el que las opiniones de las personas que en él intervienen, son opuestas entre sí. Ya la mera divergencia en la motivación puede debilitar la autoridad. La autoridad especial que se reconoce a las actitudes unánimes de las instancias superiores y, sobre todo, de la instancia suprema, se basa en la aceptación de que, en tales casos, excepcionalmente en un fallo formulado solemnemente, está representada la mayor objetividad y escrupulosidad y conocimiento.

Una condición fundamental para que el fallo que sienta jurisprudencia llegue a tener el valor de precedente judicial, es su fundamentación completa. Decimos que una fundamentación es completa, cuando contiene todo aquello que es necesario para la deducibilidad del fallo. Sólo bajo esta condición puede verificarse de una manera objetiva y con absoluta seguridad cuál es la norma jurídica que se encuentra en la base de este fallo. Lo esencial no es el fallo como tal, sino el principio jurídico contenido en él, que es lo que destaca la conocida teoría inglesa sobre la "ratio decidendi". Así pues, cuando entre los fallos existe una relación de precedente judicial, es decir cuando casos "similares"

---

8 Por ejemplo, en Finlandia y en Suecia.

han sido decididos de manera similar, el lazo de unión consiste en el principio jurídico situado en la base. La similitud de las circunstancias de hecho significa que existen dos situaciones vitales concretas que, de acuerdo con el orden valorativo inmanente del derecho positivo, deben ser valoradas de la misma manera. Sólo en este sentido son "iguales". A su vez, los fallos vinculados por la relación de precedente judicial son "iguales" sólo en el sentido de que pueden ser concebidos como resultados del mismo principio jurídico. En la relación del precedente judicial está pues siempre presente un razonamiento por analogía[9]. Un razonamiento jurídico por analogía significa que casos que tienen una fundamentación valorativa jurídico-positiva similar deben ser decididos similarmente. El razonamiento por analogía, que en ningún caso es exclusivo del ámbito jurídico, debe ser referido a aquella tendencia de racionalización propia del hombre que ya ha sido mencionada varias veces en esta investigación[10].

Como es sabido, la analogía jurídica y legal juega un papel fundamental en la objetivización de la jurisdicción[11]. Merece destacarse el hecho que este principio se encuentra también en la base de la técnica de los precedentes judiciales.

También en una situación óptima, es decir cuando el fallo que sienta jurisprudencia es pronunciado por unanimidad por los jueces y está totalmente fundamentado, su valor en tanto precedente disminuye esencialmente si la publicación no está adecuadamente ordenada. El material del fallo debe ser ordenado de tan manera que permita el acceso a los funcionarios de los órganos encargados de pronunciar el fallo. Para esto existen dos vías: el material del fallo puede ser publicado privada u oficialmente. También existe una forma mixta (Suecia, Dinamarca). La publicación privada, que históricamente es la más antigua, puede realizarse por ejemplo, a través de revistas publicadas por asociaciones jurídicas[12]. La publicación privada ofrece

9 La palabra "razonamiento" no es utilizada aquí en el sentido de la lógica.

10 Se nos podría exigir con razón precisar este concepto de racionalización (OSVI LAHTINEST), Pero en nuestra investigación no podemos entrar en detalles sobre éste problema biológico. Debido a su estructura espiritual, el hombre trata de obtener una síntesis, una unidad, una concepción del mundo, formada con el menor número posible de elementos. En el razonamiento por analogía se expresa claramente este afán. Pero, este sentido podemos llamar al hombre, homo sapiens. Pero, por otra parte, hay que señalar que una ciencia racional del hombre (psicología con fundamento biológico) lo considera como un animal humano fuertemente irracional. Este animal utiliza su inteligencia entre otras cosas, para la eliminación masiva de su propia especie. En los animales de presa comunes, esto no suele suceder.

11 Para mayores detalles confrontar mi estudio "El criterio del juez en los casos de lagunas" (Vanmalla, 1938, en finlandés), págs. 142-164.

12 En Finlandia, la Asociación de Juristas de Idioma Finlandés, la de idioma sueco y la Liga de Abogados publican revistas jurídicas científico-prácticas.

algunas ventajas con respecto a la oficial. Los fallos más importantes pueden ser publicados y comentados en detalle casi inmediatamente después de haber sido pronunciados. El sistema finlandés en donde existen simultáneamente la publicación privada y oficial (por el Tribunal Supremo de Justicia y el Tribunal Supremo de la Corte Administrativa) parece ser muy adecuado, sobre todo desde que la publicación oficial a partir de 1928 fue transformada sobre una base racional. La ventaja más importante de una publicación oficial reside en el hecho de que se da a las instancias supremas la posibilidad de acentuar, mediante la selección y destacamento del material del fallo, sus propios puntos de vista para la unidad de la juris-dicción. El que la significación objetivante de los fallos que sientan jurisprudencia haya aumentado enormemente en las comunidades jurídicas continentales durante los últimos decenios, se debe, en gran parte, a un mejoramiento de la técnica de publicación: pero la causalidad es aquí recíproca.

MEDIDAS DE LA ADMINISTRACIÓN DE JUSTICIA

Del principio de una juris-dicción independiente no se deduce que la administración de justicia[1] no tenga ningún efecto objetivante de la juris-dicción. El principio de independencia sólo significa, en el fondo, que los órganos encargados de la juris-dicción no necesitan ni pueden obedecer directivas obligatorias aun cuando éstos procedan de los órganos de la administración de justicia o de la juris-dicción[2]. La experiencia de la vida práctica del derecho muestra sin embargo, que las opiniones jurídicamente no obligatorias de los órganos de la administración y de la juris-dicción logran a veces tener un efecto de autoridad. Desde el punto de vista de la cultura jurídica y de la juris-dicción —concebida como un todo unitario— este efecto de autoridad es un fenómeno positivo. Sería por consiguiente un error mencionar el principio de la juris-dicción independiente —que es también expresión de una gran cultura jurídica— en contra de este efecto de autoridad. Una teoría de este tipo significaría no comprender la importancia que tiene una jurisdicción en cierto modo unitaria, en la vida cultural humana. Pero antes de entrar a analizar este efecto de autoridad podemos describir brevemente algunos canales a través de los cuales la administración de justicia de una manera jurídica obligatoria influye objetivamente en la juris-dicción.

La administración de justicia es ejercitada no sólo mediante órganos administrativos sino también mediante tribunales. La forma cómo se trazan aquí los límites es, en primer lugar, una cuestión de funcionalidad pero que tiene también importancia fundamental. Cuando, por ejemplo, como en Finlandia, se encomienda a los tribunales de segunda instancia y de la instancia suprema una parte considerable de los más importantes cuestiones de la administración de justicia, se les saca de esta manera de la política general del gobierno. Esto no significa en ningún caso que de esta manera se "despolitice" su

1 ADOLF MERKL; "Allgemeines Verwaltungsrecht", Wien und Berlín, 1927, pág. 234; "La administración de justicia es por su contenido, sobre todo, la previsión de las necesidades personales y objetivas de la justicia...".

2 Hans KELSEN: "General Theory of Law and State", 1945, pág. 275. Cfr. también MERKL : op, cit., pág. 39.

manejo. Pero sí, que en Estados basados en el principio de la propiedad privada, la mayoría de las posiciones fundamentales conservadoras del juez resuenen como algo evidente. La administración de justicia a través de los tribunales tiene sin embargo, una ventaja: debido al contacto inmediato y diario con las necesidades prácticas de la juris-dicción, los tribunales son especialmente aptos para observar estas necesidades en la administración de justicia.

El saber en qué medida la administración de justicia, sea ella ejercida por órganos de la administración o por tribunales, tiene influencia en la objetivación de la juris-dicción depende, en última instancia, del espíritu cómo ejercen las personas- órganos esta administración. Este espíritu es, a su vez, una expresión de la ideología dominante en la comunidad jurídica.

Cuando en el nombramiento de los jueces se tiene suficientemente en cuenta su *judicium* general, su capacidad de juicio y su objetividad, la administración de justicia constituye una condición esencial para una juris-dicción objetiva. Aun cuando la educación de los juristas responda a exigencias muy altas, su acción objetivante puede ser debilitada en gran medida por una mala política de nombramientos. Presupuesto fundamental de una juris-dicción, objetiva, en alto grado, es que los juristas, por más excelentes que sean, no sean nombrados jueces cuando carecen de actitud objetiva.

En las comunidades jurídicas en donde el juez es elegido por un determinado tiempo y no es nombrado en forma vitalicia, los ciudadanos pueden realizar un control efectivo en el sentido de la objetividad. Este control ciudadano valorará más finamente las calidades personales de los candidatos a jueces, que lo que puede hacerlo un nombramiento hecho desde arriba. Pero aquí también puede contribuir en gran medida la administración de justicia a estimular una elección objetiva. La maquinaria de elección, tiene muchos puntos de contacto con la administración de justicia; es —se podría decir— una parte de la misma.

Las ordenanzas de trabajo de los tribunales, como así también las disposiciones especiales en este campo son generalmente formuladas y establecidas por la administración de justicia. Estas disposiciones que determinan el trabajo cotidiano de los tribunales, poseen, por lo general, una significación objetivante. Su finalidad es crear los presupuestos exteriores para un trabajo prolijo e imparcial de los órganos encargados de la juris-dicción. Las disposiciones técnicas sobre protocolización, conservación de actas, informes a diferentes autoridades ejecutivas y de registro, preparación de estadísticas de diverso tipo, estimulan mediatamente la objetividad. Estas disposiciones, al posibilitar el control posterior, obligan a las personas-órganos encargados de la juris-dicción a ser objetivas y prolijas[3].

De acuerdo con la Constitución finlandesa (artículo 53), el tribunal supremo tiene que "vigilar la juris-dicción de los jueces", y de la misma manera el tribunal administrativo supremo tiene que "vigilar la juris-dicción de las autoridades inferiores en el campo del derecho administrativo" (artículo 56). Mediante estas disposiciones se quiere decir evidentemente algo diferente a la actividad normal de los tribunales superiores dentro del orden de la instancia. Pero, ¿cómo puede conciliarse esta "vigilancia" —que ha de ser considerada como administración de justicia— con una juris-dicción independiente del derecho, reconocido expresamente en la constitución? A esta dificultad debe imputarse quizás el hecho de que la mencionada vigilancia haya sido siempre palabra muerta[4].

Si pasamos ahora a aquellas medidas objetivantes de la administración de justicia que sin ser obligatorias en el sentido jurídico tienen influencia debido a su autoridad, tenemos que mencionar en primer lugar las circulares del Ministerio de Justicia y de otros órganos encargados de la administración de justicia. Aun cuando estas circulares son dictadas sólo en virtud de una real necesidad y sobre la base de un conocimiento jurídico específico, lo más grande posible, todo juez sensato le prestará la atención que se merece. No considerará a estas circulares como una limitación de su independencia, sino como un valioso apoyo para el trabajo. Esta postura puede ser considerada como la dominante entre los jueces finlandeses. El Ministerio de Justicia finlandés actúa con gran reserva en el dictado de estas circulares, a fin de que se mantenga, en gran medida, el principio de la independencia de la juris-dicción[5]. Para obtener una juris-dicción objetiva, sería deseable que el Ministerio de Justicia mediante circulares, expusiese ante los tribunales la ratio legis de las nuevas leyes de importancia fundamental. El Ministerio de Justicia sería especialmente apto para esta tarea, ya que estas leyes son preparadas en algunos Estados, precisamente por este Ministerio.

---

3 En Finlandia, las demandas contra jueces por delitos realizados en el ejercicio de sus funciones se basan en su mayoría, en este control ulterior. El informe anual de la administración del Canciller de Justicia contiene generalmente estos casos.

4 Pero no totalmente: cuando el Tribunal Supremo de Justicia o el Tribunal Administrativo Supremo tiene conocimiento de que en el diligenciamiento de un asunto, la instancia inferior ha cometido una falta procesal, el expediente —cuando hay razón suficiente para ello— es enviado el Canciller de Justicia una vez pronunciado el fallo. La existencia de una "razón suficiente" queda librada al criterio del juez. Pero este procedimiento es muy poco frecuente en la práctica.

5 Mediante tales circulares se pone a disposición de los tribunales, por ejemplo, los resultados de la investigación médica.

La presentación de los fundamentos y fines de una ley no podrá tener naturalmente en ningún caso el carácter de una directiva, sino que deberá contener un informe objetivo de las ideas fundamentales legales. De esta manera se ganaría mucho en el campo de la interpretación de la ley objetivamente fundamentada. En la actualidad, en la mayoría de los casos, depende de la casualidad el que el juez obtenga una imagen correcta de los fines y fundamentos de la ley.

Cuando los tribunales superiores dictan medidas que tienen por objeto la publicidad reducida o amplia de los fallos pronunciados por ellos, cae esto en el ámbito de la administración de justicia. En Finlandia se publican no sólo los fallos de la instancia suprema. También los fallos de segunda instancia son publicados regularmente, desde luego con la limitación de que tales fallos se comunican a los tribunales inferiores sólo en aquellos casos en que éstos han decidido en primera instancia.

Si el derecho positivo establece un órgano para controlar el funcionamiento legal de la maquinaria jurídica, la efectividad de este órgano consistirá en gran medida en el control de la juris-dicción y en lo que se refiere a su efectividad en este sector, puede ser considerado como administración de justicia en sentido amplio. Los informes anuales de tales órganos contienen por consiguiente, mucho que puede ser de interés para los jueces. Pero como éstos pueden o no tomar conocimiento de estos informes anuales, según su voluntad, la acción objetivante sobre la jurisdicción puede ser muy reducida.

Podría parecer que para jueces técnicamente bien preparados, no sería necesario el apoyo de la administración de justicia, y que sólo en los casos en que los jueces estén técnicamente menos formados, es necesario tal apoyo a fin de que la juris-dicción no caiga en el caos completo. Pero en realidad la situación es otra: buenos jueces que ven en la juris-dicción no sólo un instrumento sino también una tarea vital, valorarán positivamente el apoyo de la administración de justicia. Los órganos supremos de la administración de justicia pueden a veces ver más claramente el todo de la juris-dicción que los diferentes tribunales. Para obtener el ideal de una juris-dicción segura, unitaria y objetiva, tienen que actuar en estrecha colaboración todas las fuerzas competentes.

SANCIONES CONTRA EL JUEZ

Por jueces entendemos, como se dijo anteriormente, los miembros de los órganos de la juris-dicción a través de cuyas decisiones se realizan los fallos. Por el contrario, una persona-órgano, cuya competencia se limita a colaborar en la verificación de un presupuesto del fallo (por ejemplo la cuestión de la culpa), no es juez. El juez es responsable por aquellos fallos en los cuales él ha intervenido. Mediante la votación en los tribunales colegiados se produce una especie de colaboración: la votación es un presupuesto para la limitación de la responsabilidad individual del juez[1].

Las sanciones jurídicas contra el juez, son un caso especial de las sanciones dirigidas en contra de los órganos de la comunidad y éstas a su vez son un caso especial de las sanciones generales a las que corresponde una importancia central en toda organización jurídica. El concepto "sanción" no es, en el fondo, un concepto normativo, sino que pertenece a una forma de consideración sociológico-causal. La sanción presupone conceptualmente una norma y su desobediencia. Una norma es sancionada cuando en los casos de su incumplimiento los afectados por la pena son aquellos que debían haber cumplido la norma. En una sanción jurídica, la pena es formulada in abstracto en el orden jurídico y es ordenada y realizada in concreto mediante los órganos de comunidad jurídica[2]. La efectividad de un orden jurídico presupone que las sanciones jurídicas son realizadas al menos en tantos

1 En el derecho positivo finlandés, la totalidad de los miembros legos en el Tribunal de Distrito tiene un voto colectivo frente al presidente, que posee formación jurídica. Según el derecho finlandés, los miembros legos tienen responsabilidad individual como jueces sólo cuando al pronunciar su propio voto en contra de la posición del presidente, han determinado el contenido del fallo. Estos miembros legos, cuyo origen se remonta a una antigua tradición germánica, no son simples jurados, sino que, en principio, participan sin limitación en las discusiones judiciales tanto en las cuestiones de hecho como en las de derecho.

2 Por esto parece extraño que la sanción ocupe una posición central en la teoría normativa de Kelsen. Evidentemente Kelsen trata de dar a estos conceptos un sentido normativo, para poder aplicarlos en su análisis de la estructura del derecho.

casos que su repetición influye de manera general en la motivación de quienes están sometidos a la norma[3].

Si se considera la sanción desde un punto de vista normativo, se le puede atribuir solamente la significación de un deber de sancionamiento: "Si la norma jurídica no es cumplida por el sujeto a esta norma Y surge, de acuerdo con la norma jurídica X^1 para el órgano Y^1 el deber de ejecutar una acción de sanción. Si este deber de sanción no es cumplido por el órgano Y^1, surge de acuerdo con la norma jurídica X^2, para el órgano Y^2 el deber de ejecutar una sanción en contra de las personas órganos del órgano Y^1", etc. Mediante las sanciones jurídicas se crea de esta manera una secuencia escalonada que no se refiere, como la conocida secuencia escalonada de Merkl-Kelsen al origen (validez) de las normas jurídicas, sino a su realización (cumplimiento). Ambas secuencias escalonadas son expresión de la vinculación interna, de la estructura unitaria del orden judicial.

Visto desde el punto de vista puramente teórico, la secuencia escalonada formada por la sanción parece constituir una serie infinita. Pero, como es sabido, éste no es el caso en los órdenes jurídicos positivos: ya después de algunos estadios se alcanza un punto en donde no está prevista ninguna sanción para la no realización del deber de sanción (los llamados "órganos supremos"), También en estos casos límites está presente un deber jurídico impuesto por una norma jurídica. El carácter jurídico de estas normas no está constituido por la sanción, sino por el hecho de que ellas tienen sentido sólo en relación con una totalidad, con el orden jurídico. Esta totalidad no puede ser concebida funcionalmente, es decir, como maquinaria jurídica, sin el concepto de sanción.

Una sanción jurídica no se dirige en contra de un órgano de la comunidad jurídica sino en contra de las personas-órganos que intervienen en estos órganos. Así pues, cuando se habla de sanciones en contra de un órgano, esto es sólo una expresión abreviada.

La sanción jurídica se dirige contra la vida, la salud, la libertad o la fortuna. La diferencia entre sanciones civiles o penales contra la fortuna es sólo relativa. La idea fundamental es aquí la misma[4]. Cuando en adelante se habla de sanciones contra el juez, se trata —siempre que no se señale lo contrario— de sanciones jurídico-penales y también civiles.

---

3 Kelsen: "General Theory of Law and State", pág. 24, señala que se presentan casos en donde la efectividad de determinadas normas jurídicas está mucho más garantizada por sanciones no jurídicas que jurídicas. Cfr. Karl Olivecrona: "Om lagen och staten" (Lund, 1940), pág. 125 y ss.

4 Bien señalado por Kelsen en "General Theory of Law and State", pág. 50.

En aquellos países en donde está reconocido el principio "nulla poena sine lege", el legislador procura evitar las circunstancias del delito muy indeterminadas. Pero los delitos administrativos tienen aquí una posición especial. La mayoría de los códigos penales modernos contienen, junto con tipos de delitos administrativos, exactamente caracterizados, una cláusula general complementaria en donde se formula de una manera general e imprecisa, los elementos de hecho del delito administrativo. Así por ejemplo, la cláusula general del, Código Penal finlandés del año 1889 establece lo siguiente: "Cuando un funcionario en el ejercicio de sus funciones actúe delictuosamente de una manera que no esté especialmente mencionada en este Código..." (cap. 40, párr. 20). "Cuando un funcionario por negligencia, omisión o descuido cometa una falta en su función para la que no esté señalada una pena especial..." (cap. 40, párr. 21 [5]. En cláusulas generales de este tipo el contenido de los elementos de hecho está determinado por el criterio del juez sancionante, teniendo en cuenta, desde luego, los distintos tipos de función[6]. Los elementos de hecho del delito administrativo parece no impedir en sí un control efectivo. A esto se agrega el que en los países civilizados modernos existe un órgano especial o toda una jerarquía de órganos (por ejemplo en la Unión Soviética) que efectivamente controla la legalidad en la maquinaria del Estado[7]. Este órgano obtiene conocimiento de los delitos administrativos cometidos no sólo mediante demandas de ciudadanos privados, sino mediante un control ejercido de diversas maneras. A razones históricas debe atribuirse el hecho de que en Finlandia y en Suecia corresponda a los tribunales de segunda instancia, los tribunales de la Corte (originariamente el tribunal "del Rey"), un control amplio sobre los jueces de la primera instancia, control que es ejercido de una manera sumamente activa.

La sanción jurídica contra los jueces es, por consiguiente, ordenada por otros jueces. Pero los jueces están vinculados entre sí por el

---

5 Disposiciones análogas, por ejemplo, en el derecho penal sueco, danés, noruego y alemán.

6 Este criterio del juez está guiado, desde luego, por disposiciones de servicio establecidas para el respectivo campo de la administración (OSVI LATHTINEN). Estas disposiciones enumeran prolijamente los deberes de los funcionarios. Pero en la juris-dicción no existen disposiciones de servicio de este tipo. El derecho procesal válido es de naturaleza totalmente diferente y permite una mayor libertad de movimiento. La independencia de la jurisdicción está presente también aquí.

7 En Finlandia existen —como resultado de un desarrollo histórico— dos órganos de este tipo, cuyas competencias en parte coinciden en principio: el Canciller de Justicia y el Administrador de Justicia del Parlamento. Se ha tratado de eliminar esta curiosa anomalía aduciendo que la ley establece una división de trabajo entre estos órganos. Pero hay muchos campos en donde ambos son competentes.

sentimiento de colegialidad[8]: un juez no condena de buen grado a un colega a causa de un delito cometido en el ejercicio de sus funciones. Esto significa que los jueces sancionantes procuran configurar el examen de la prueba y la interpretación de la ley —tal vez de una manera casi inconsciente— de la manera más favorable posible para su colega. No se trata de violar conscientemente el derecho, pero sí de una legalidad psico-sociológica que no puede ser eliminada[9]. El sentimiento de colegialidad, humanamente muy comprensible, debilita de esta manera la efectividad de las sanciones jurídicas contra el juez. Sólo cuando la imposición de sanciones jurídicas contra el juez fuera realizada por personas-órganos ajenas a la maquinaria del procedimiento judicial, podría eliminarse esta debilidad. Pero esto no sería entonces considerado como juris-dicción en el pleno sentido de la palabra, sino como un procedimiento pseudo-administrativo, quizás "político".

Hay aun otros factores debilitantes. La falta de objetividad del juez puede ser eliminada difícilmente mediante sanciones jurídicas. Los elementos de hecho del delito administrativo del juez pueden ser elásticos: de esta manera, sólo quedan comprendidos los delitos más graves del juez. La arbitrariedad del juez, la no objetividad en tanto tal, no se alcanza mediante los elementos de hecho del delito jurídico positivo, tal como son presentados en la interpretación. Aquí harían falta elementos de hecho elaborados con mucha mayor precisión, y un criterio mucho más estricto. Pero, aun bajo estos presupuestos la cuestión de la prueba ofrecería dificultades: situaciones psíquicas internas, procesos de pensamiento de los jueces (objetividad, no objetividad) no pueden ser luego verificados con suficiente seguridad. Una aplicación efectiva de las sanciones jurídicas es sólo posible cuando sus presupuestos son verificables con exactitud en el procedimiento de prueba. Este no es aquí el caso. Sólo cuando el juez aplica una clasificación incorrecta o una pena incorrecta, comete una falta procesal, o en casos similares igualmente "bastos", están presentes los presupuestos para un procedimiento de prueba efectivo.

También se puede preguntar si el principio de una juris-dicción independiente no limita la aplicación de sanciones jurídicas contra el

---

8 Este sentimiento es también verificable en otros grupos de funcionarios por ejemplo, oficiales, funcionarios policiales.

9 El informe anual del Canciller de Justicia finlandés proporciona en esta cuestión un material sumamente interesante. En la inmensa mayoría de los casos —casi en todos los casos— en donde por iniciativa del Canciller de Justicia se formula una demanda en contra del juez (o en contra de todos los miembros de un tribunal colegiado), el fallo —cuando el demandado no es declarado inocente— está basado en "negligencia de servicio cometida por desatención". También en los casos en donde hubiese correspondido una especificación más estricta.

juez. Del principio de independencia se sigue una tendencia a actuar con extrema reserva frente al juez. Si el principio de independencia vale positivamente, no puede aplicarse contra el juez ninguna sanción jurídica por interpretación incorrecta de la ley, si no puede demostrarse que interpretó falsa y dolosamente la ley[10]. Pero esto no es nunca el caso.

Al intento de la juris-dicción para asegurarse una posición independiente lo más autoritaria posible, debe atribuirse el hecho de que en algunos órdenes jurídicos positivos el procedimiento penal contra el juez sea aplicado sólo bajo condiciones muy especiales. Así por ejemplo, la Constitución soviética de 1936, que en general sostiene la idea de una soberanía popular ilimitada, determina que la denuncia penal contra un juez puede ser sólo formulada por el procurador, es decir que no puede serlo por los ciudadanos privados. En el derecho finlandés anterior (declaración legal del Rey del 23/3/1897, punto 40) no se admitía la iniciación de un proceso penal contra el juez en virtud de denuncia del simple ciudadano. Este principio jurídico, que aun es derecho válido en Suecia, fue eliminado por el artículo 93, inciso 2c de la Constitución finlandesa de 1817: de acuerdo con el derecho finlandés actualmente vigente, todo ciudadano tiene derecho de denuncia inmediata, garantizado por la Constitución, en contra de los jueces.

Cuando en Finlandia, el Canciller de Justicia o el miembro del Parlamento que lo representa, inicia un proceso penal contra un funcionario, sigue en este caso —expresamente de acuerdo con las disposiciones legales— el principio de oportunidad y no el de legalidad, que es el que constituye la regla general en el derecho finlandés. El Fiscal de Estado en los tribunales de justicia finlandeses ha seguido en los últimos años decididamente el principio de oportunidad en los procesos penales contra jueces[11]. Sin embargo, este principio, que no puede ser deducido del principio de una juris-dicción independiente del derecho, armoniza bien con el principio de independencia. Una iniciación de proceso penal contra un juez que estuviera basada en un principio de legalidad mecánico y rígido, no fortalecería en nada su autoridad[12].

---

10 En este caso se cumplirían las circunstancias de hecho especiales para delitos de los jueces en el ejercicio de sus funciones, por ejemplo en el Código Penal finlandés: (capítulo 40, párrafo 29) "Cuando un juez u otro funcionario en los fallos o decisiones comete dolosamente delito...".

11 Acerca de la funcionalidad del procesamiento penal de un juez, ver Bo Pelmgreen y Arne Bergroth en "Tidskrift, utgiven av Juridiska Föreningen i Finland", 1945, pág. 33-46.

12 Sobre el problema de la autoridad, Cfr. C. G. Möller: "Tidskrift, utgiven av Juridiska Föreningen i Finland", 1945, pág. 64-65.

Siguiendo el principio de oportunidad, la admonición ha obtenido una posición muy significativa en la praxis jurídica finlandesa. Cuando el Canciller de Justicia o su representante en el Parlamento consideran que la falta administrativa es insignificante, no se inicia un proceso penal en contra del funcionario culpable. En lugar de esto se dirige una admonición al funcionario en donde se le solicita que en el futuro trate de evitar una actuación equivocada. Cuando la admonición es dirigida contra un juez, puede sostenerse con buenas razones que este procedimiento no concuerda con el principio de una juris-dicción independiente. Un juez, que de ninguna manera necesita aceptar directivas, no está obligado a soportar "admoniciones". Por consiguiente, no tienen para él significación jurídica alguna. Pero sí práctica. Como expresión de la opinión del Canciller de Justicia o de su representante parlamentario —es decir de los protectores supremos de la legalidad— tiene un efecto psicológico de autoridad sumamente importante. Un juez que no obstante tal admonición cometa nuevamente el mismo error, puede contar con que esta vez se iniciará contra él un proceso penal.

Mediante el sistema de instancias se disminuye la necesidad de una sanción jurídica contra los jueces. La instancia superior puede corregir muchas de las faltas de la instancia inferior. En principio, esto no disminuye la culpa del juez inferior. Pero criterios prácticos han conducido en Finlandia al hecho de que no se inicien procesos penales contra un juez cuando las fallas pueden ser corregidas por la vía de la instancia. También cuando existe un fallo equivocado con fuerza legal, pero el juez por propia iniciativa (solicitud ante la instancia superior) la corrige, no se inicia contra él proceso penal.

Por consiguiente, no hay que exagerar el valor del proceso penal que puede iniciarse contra un juez. Pero sin la permanente posibilidad de un procedimiento de este tipo, la juris-dicción independiente daría motivo a graves irregularidades. Mediante el procedimiento penal se ejerce sobre el juez una presión psíquica que influye en toda su actitud. La influencia causal de la actitud total del juez significa que mediante las sanciones jurídicas contra el juez puede indirectamente obtenerse un efecto objetivante en situaciones que no podrían ser alcanzadas inmediatamente mediante una sanción jurídica.

LA FORMACIÓN DE LOS JURISTAS

La mayoría de los órdenes jurídicos positivos contienen normas acerca de: 1º) cómo deben ser formados los juristas (por ejemplo reglamentaciones de exámenes) y 2º) que tales exámenes —superiores o inferiores— son el requisito legal previo para el nombramiento en puestos remunerados del derecho positivo (justicia, administración).

La formación de los futuros juristas en una determinada comunidad jurídica puede estar ordenada unitariamente o puede estar clasificada en diferentes líneas especiales (por ejemplo, funcionarios de la justicia o de la administración). El acento puede recaer sobre el estudio teórico o sobre el ejercicio práctico de la profesión y también ser ambos combinados de diversas maneras. A nosotros nos interesan aquí las dos cuestiones siguientes: 1º) ¿pueden señalarse en la preparación teórica, en las diferentes comunidades jurídicas, rasgos comunes invariables? 2º) ¿se estimula de esta manera la objetividad de la juris-dicción?

A modo de introducción podemos comprobar que la importancia de la formación de los juristas en las comunidades jurídicas actuales, altamente diferenciadas y con graves problemas sociales de desarrollo, está aumentado. En la actualidad se exige una formación especial de varios años también para los médicos, maestros, ingenieros y arquitectos. Sería difícil imaginar que quienes deben ocuparse profesionalmente del campo del derecho y que diariamente tratan cuestiones cuya significación práctica para los ciudadanos es a menudo muy grande, no necesitasen igualmente una formación profesional teórico-práctica.

La necesidad de una formación especial para los juristas se ha visto claramente en la vida jurídica de la Unión Soviética. La Constitución soviética de 1936 considera en principio que una educación jurídica no es la condición jurídica para ocupar el puesto de juez. Esto es formulado como conclusión del principio de una democracia consecuente[1]. Pero fácticamente se da en la Unión Soviética el nombramiento de los jueces[2].

---

1 Así por ejemplo B. N. N. POLIANSKY en su estudio "Justice in USSR", pág. 12. En algunos proyectos constitucionales la educación jurídica de los jueces ha sido presentada como condición jurídica.

2 POLIANSKY: Op. cit., pág. 12; K. P. GORSCHENIN: "Savjetiskii narodnii sud", pág. 27 y ss. (Moscú, 1949, ruso). Desde el punto de vista de una consideración puramente teórica,

En Finlandia, en los últimos años —en vinculación con una nueva ordenación de los estudios jurídicos en la Universidad del Estado— se debatió profundamente la formación de los juristas. Se señaló acertadamente que uno de los objetivos principales de esta educación es el pensamiento jurídico. Este pensamiento significa que hechos que tienen importancia para una determinada cuestión jurídica, son valorados críticamente, es decir la facultad capaz, de reconocer situaciones de hecho y puntos de vista esenciales que influyen sobre un asunto y capaz de eliminar lo no esencial y, finalmente, la facultad, transformada en costumbre, para realizar demostraciones y razonamientos lógicos y obligatorios[3]. En esta caracterización queremos destacar las palabras "significación" y "esencial".

El pensamiento jurídico es, sobre todo, un pensamiento altamente esquematizante. Para los juristas tienen significación sólo aquellas situaciones de hecho que esencialmente corresponde a los esquemas establecidos por el derecho positivo. El pensamiento jurídico considera la realidad social a través de estos esquemas. Es claro que la visión total es, de esta manera, completamente diferente de la del lego. Muchas cualidades que parecen esenciales para el lego son insignificantes para el jurista y viceversa.

Como es sabido, se ha comparado el pensamiento jurídico con el matemático. Así por ejemplo, el lógico italiano Francesco Orestano[4] en una publicación de la Comisión de Estudios de la Asociación Estudiantil de la Universidad de Helsinki, titulada "Directivas para futuros juristas" afirma que si un estudiante ha hecho buenos progresos en la escuela en el campo de las matemáticas (y en el estudio del latín) puede estar seguro de que "hay en él materia como para modelar un jurista que piense jurídicamente". Pero hay que tener aquí cuidado. Entre el pensamiento matemático que se mueve libremente en su propio campo y el pensamiento jurídico ligado a normas positivas

---

tiene especial interés la comparación entre el derecho soviético socialista y los órdenes jurídicos no socialistas. Las valoraciones sociales fundamentales (los órdenes jurídicos pueden ser interpretados como resultados de aquellos) son en ambos casos totalmente diferentes. No obstante, se puede comprobar la existencia de fenómenos conectados con el derecho que aparecen invariablemente, tanto en el campo de valoración socialista como en el no socialista. En esta investigación hemos presentado a menudo comparaciones de este tipo.

3 V. MERIKOWSKI en "Lakimies", 1916, pág. 392. AATOS ALANEN ha dedicado especial atención a la peculiaridad del pensamiento jurídico en su libro "Yleinen oikeustiede" (Ciencia General del Derecho) Helsinki, 1948.

4 "Filosofía del diritto" Milano, 1941, pág. 14, 151 ss. "Nuove vedutte logische", Milano, 1939, pág. 43 y ss.

existe una semejanza sólo superficial[5] que ha sido acentuada por la continua esquematización del pensamiento jurídico.

Cuando se analiza el pensamiento de la jurisprudencia clásica romana, que constituye el fundamento de la cultura jurídica occidental, se ve claramente cuán extraordinariamente esquematiza este pensamiento. Los diferentes hechos sociales son dominados mediante la aplicación consecuente de algunos conceptos jurídicos y formas de pensamiento reducidos en número y que siempre se repiten. Después de una consideración comparativa —realizada sobre una amplia base— del pensamiento romano clásico y del actual pensamiento jurídico, hemos llegado a la conclusión de que los romanos esquematizaron mucho más que la moderna jurisprudencia. Ellos llegaron tan lejos que su pensamiento a menudo se presenta ante los actuales juristas como un mero juego combinatorio con conceptos fundamentales jurídicos. Pero para una consideración sin prejuicios resulta también que el pensamiento jurídico moderno es una teoría combinatoria de los conceptos fundamentales jurídicos. Entonces se comprende qué se quiere decir cuando se afirma que los romanos demostraron una "capacidad jurídica única" [6].

La dialéctica de la profesión del juez tratada por nosotros en capítulos anteriores (en el capítulo sobre controles sociales), es decir la tensión, que continuamente acompaña al pensamiento del juez, entre seguridad jurídica y equidad, es la consecuencia necesaria de una fuerte esquematización. Esta tensión constante es verificable no sólo en el trabajo del juez. Es una propiedad permanente de todo pensamiento jurídico. Hay que tener en cuenta que en ningún caso aparece en forma excepcional sino que acompaña siempre, en mayor o menor medida, al pensamiento jurídico. Cuando el grado de tensión es reducido, la misma no es percibida por el pensamiento.

---

5 En una conversación con el autor, el conocido matemático finlandés, ROLF NECANLINNA, señala que los símbolos del pensamiento jurídico están "ligados". R. DAVAL et G. T. GUILBAUD: "Les raisonnements mathematiques" (París 1935) pág. 99 y ss.; A. N. WHITEHEAD: "Essays in Science and Philosophy " (London, 1948), pág. 195 y ss.

6 En la "Introducción" señalamos que la teoría general del derecho puede ser concebida como una teoría combinatoria de las formas jurídicas. Pero el pensamiento jurídico tal como se lo usa en la práctica y en la jurisprudencia a ella vinculada, es una combinatoria no de las formas fundamentales jurídicas puramente teóricas y libremente formuladas, sino de los conceptos fundamentales proporcionados por el derecho positivo. El autor espera poder publicar en un futuro no muy lejano un estudio sobre el pensamiento jurídico. Por esta razón se limita aquí a las breves indicaciones anteriores. Cuando se trata de dilucidar los rasgos permanentes del pensamiento jurídico es interesante también analizar el pensamiento jurídico germano medieval. Así por ejemplo, en el más antiguo Código medieval sueco "Äldre Västgötalagen", es posible comprobar una esquematización basada en una antigua cultura jurídica (conceptos fundamentales y formas de pensamiento siempre recurrentes). Pero la forma exterior de las proposiciones jurídicas tiene una forma vivamente narrativa y a menudo hasta dramática.

Únicamente cuando se pasa el umbral de tolerancia, el atenerse exactamente a los esquemas formulados por el derecho, se presenta como no equitativo y se busca entonces excluir una decisión de este tipo. Cuando se reproduce en una escala continuada el grado de la tensión, se obtiene una clara visión de la dialéctica del pensamiento jurídico. Se puede aquí investigar, por ejemplo, cómo reaccionan ante una decisión jurídica concreta, el juez, el administrador o el lego. O se investigan las reacciones de una persona concreta con respecto a diferentes decisiones jurídicas.

La afirmación, muchas veces escuchada, de que el estudio jurídico y los textos legales son "áridos" está vinculada con la tendencia de esquematización del pensamiento jurídico. La realidad social se disuelve mediante este pensamiento en una serie de relaciones formalizadas. Pero cuando se equipara esta aridez del pensamiento jurídico, con la falta de interés, esto significa que no se es capaz de ver cuáles son las consecuencias que una consideración esquematizante de este tipo tiene cuando es aplicada a los fenómenos sociales. El dominio de la naturaleza está condicionado por la aplicación del pensamiento matemático: el dominio de la sociedad humana se procura lograr mediante el pensamiento jurídico. Las acciones humanas pueden ser conducidas por canales predeterminados cuando las normas jurídicas vinculan a situaciones de hecho esquemáticas tipos de sanciones esquemáticas. Desde un punto de vista racional sólo el derecho puede ser considerado como una técnica social específica (Kelsen).

El método del pensamiento jurídico y la cuestión de saber cómo puede ordenarse funcionalmente la formación de los juristas, fue discutida acaloradamente en la Unión Soviética en estos últimos años. Aquí se criticó el "formalismo del pensamiento jurídico soviético". Si se analizan los tratados, que luego se publicaron, para los estudios universitarios, se puede verificar que también aquí aparecen, en el pensamiento jurídico, rasgos característicos que pueden ser calificados de formalismo o esquematización exagerada[7].

Además de la esquematización es posible verificar en el pensamiento jurídico de las épocas e ideologías más diversas un rasgo que siempre está presente y es invariable: la visión de conjunto. El orden jurídico en su totalidad constituye el trasfondo potencial del pensamiento jurídico. Este

---

7 La importante revista "Savjetskoje gasudarstvo i pravo" publicada por la Academia de Ciencias y el Ministerio de Justicia, se ocupa continuamente de cuestiones del método y la enseñanza. Merecen destacarse especialmente A. J. WYSCHINSKIJ: "O nekatorih vaprosah teorii gasudostvo i prava" (6/1948); J. P. TRAININ: "O programme kursa savjetskogo gasudarstvennogo prava" (11/1948). Los informes de las sesiones de la Academia de Ciencies, Sección de Economía y Derecho, contienen a veces discusiones sobre principios. Así por ejemplo, 2/1949: una fuerte polémica con el método del profesor A. I. DENISOV en su tratado "Administrativnoje pravo SSSR", de I. J. EFTIHIEV y V. A. VLASOV.

rasgo aparece de una manera especialmente clara en el pensamiento del juez porque este es un principio, un protector del orden jurídico. Todo jurista con formación profesional considera los casos concretos que se le presentan como "casos jurídicos". Esto significa por una parte que deben ser esquematizados, por otra, que al juzgarlos, la totalidad del orden jurídico constituye el trasfondo potencial. Pero de ninguna manera el trasfondo actual y siempre consciente. ¿Cómo podría trabajar el jurista situado en la vida práctica con un aparato tan gigantesco y pesado? Se diferencia del lego porque en su pensamiento está presente un trasfondo potencial que aquél no posee. ¿Por qué esta diferencia? Porque el lego carece de la educación jurídica especial que resuena en todos los pensamientos del jurista. Ahora también puede comprenderse por qué el pensamiento jurídico del lego es más impulsivo y menos controlado que el de jurista[8]. En el jurista, su sentimiento de reacción está inmediatamente amortiguado y controlado por la visión de conjunto.

La formación de juristas en la que el pensamiento jurídico con sus rasgos permanentes presentados más arriba, ocupe una posición central, constituye la garantía más importante para una juris-dicción objetiva. No necesita mayor explicación el hecho de que la visión de conjunto tiene efectos objetivantes. También la esquematización influye en este sentido. Mediante ella se obtiene un cuadro altamente simplificado y formalizado de la realidad social, con lo que se eliminan, dentro de lo posible, las notas perturbadoras del sentimiento subjetivo.

8 Esta diferencia fue señalada correctamente por Osvi Lahtinen en una conversación con el autor. Más arriba hemos esbozado dos rasgos del pensamiento jurídico. Pero con esto no se agota el problema do la formación funcional del jurista. ¿No tendría que realizarse esta formación en permanente contacto inmediato con la vida práctica del derecho? El famoso jurista americano Jerome Frank considera que la formación de los juristas carece de valor sin este contacto íntimo: "A Plea for Lawer Schools" en "The Yale Law Journal", vol. 56, September 1947, pág. 1303-1344.

La objetividad de la jurisdicción
de Otto Brusiin
se imprimió en la República Argentina en diciembre de 2020.